51歳からの読書術

ほんとうの読書は中年を過ぎてから

永江　朗

NAGAE AKIRA

57

六耀社

目次

装丁――――南伸坊
本文組版――――m.b.llc

読書は51から

人生は五十一歳から、と小林信彦さんはいった。ある程度、経験を積んでからこそ、人生は楽しいのだと。若いときはわからなかったことが、中年になるとわかる。「そうか、こういうことだったのか」と思うことも多い。

幸若舞《こうわかまい》の『敦盛《あつもり》』では人間五十年と歌う。人の世に生きて五十年という意味だろうか。五十年は十分長い。

二十世紀のはじめ、日本人の平均寿命は五十年に満たなかった。現在のおよそ半分ぐらいだった。もっとも、当時は乳児の死亡率が高かった。消毒という概念がなかったから感染症が多く、出産は赤ん坊にとっても母親にとっても大きな賭けだった。七つまでは神のうちという言い方も、いつ死んで神のみもとに帰るかわからない、という意味からだろう。平均寿命ではなく平均余命で見れば、人生はもうちょっと長かっただろう。

それでも、人生五十年という感覚はあったと思う。現役としての人生は五十歳まで。そこからは隠居して次の人生。それは本編の付録というか、おまけのようなものかもしれないが、責任や苦労から逃れて楽しく生きられる時間でもあった。

ぼく自身、中年になったら、いろんなことが楽になった。中年がこんなに楽なものだとは、若いころは想像もできなかった。そもそも自分が中年になった姿なんて想像できなかったし、中年まで生きられるとは思わなかった。気分としてはご隠居さんだ。

どう楽になったか。ファッションを例にしてみよう。四十代のなかばぐらいまでは、毎日、何を着たらいいか悩んだ。いまでも悩むことは悩むが、悩むポイントが違う。

若いころは他人の視線が気になった。「こんな服を着て、ダサいと思われないだろうか」とか、「このシルエットは流行遅れだと嗤《わら》われないだろうか」とか。他人の評価を基準に服を選んでいたわけだ。

それが四十歳を過ぎたぐらいから、「ダサいと思われたっていいよ。だってダサいんだもん、オレ」とか、「流行なんて関係ないぜ」と開き直れるようになった。さらに四十代なかばを過ぎると、その開き直りすらなくなった。気負いもてらいも何にもなく、着たい服を着る。オレはオレのために服を着るんであって、他人のためじゃない、と考えるようになった。そして、他人がどう思おうと気にならなくなった。笑われても傷つかなくなった。鈍感力が増したのである。

TPOなんてどうでもいい。その日の気分で着たいものを着る。仕事の打ち合わせに短パンTシャツで行くし、あらたまった席じゃなくてもスリーピースのスーツにタイを締めることがある。流行なんて関係ない。五年前、十年前の服でも平気だ。

若いころは、服は新しくなくちゃいけない、最新流行のものじゃなくちゃいけない、といった強迫観念があった。他人の視線で自分をチェックして、どう批評されるかとびくびくおびえていた。だからいつも辛かった。あのころいつも体調が悪かったのは、そういう自意識過剰で神経過敏なせいだったのかもしれない。

ただし、自分で決めたルールはある。いまでも悩むと書いたのはここだ。「こだわり」という言葉は本来いい意味では使わないもので、その本来の意味でいうと、ぼくにはぼくのこだわりがある。たとえば、クールビズ。真夏にタイを締めてスーツを着込むなんてばかばかしい、という点では大いに賛同するが、何でそれを役人に号令かけられてやらなきゃならないのか。役人が官公庁の空調の温度設定に口を出すのはいいけれど、誰が何を着るべきかなんていうべきじゃない。ぼくもごくたまにお役所関係の会議に出席することがあるのだが、クールビズが始まってからは、真夏でも麻のスーツにボウタイを締めて行くことにしている。そのかわり冬はうんとラフに、七分丈のズボンに派手なシャツとカーディガンだったりする。役人たちへの密かなレジスタンスだ。ばかばかしいけれど。

レジスタンスはともかくとして、中年になって気がついた。誰もぼくのことなんか見ていない、気にしていない。たぶんぼくがレジスタンスしていても、当の役人は気づいていないだろう。他人のことを気にするほど暇じゃない。それは役人に限らない。ぼくも他人のことを気にしていない。よっぽど変な格好している人がいたら見るかもしれない。でも「こういう服が好きなのだな」と納得して終わる。業界関係者じゃあるまいし、他人様のファッションチェックをするのは下品な振る舞いである。

ためしに友人でも会社の同僚でも取引先の社員でも誰でもいい、昨日会った人が何を着ていたか思い出してもらいたい。ぼくはほとんど覚えていない。一万九千八百円のスーツを着ていようが、三十五万円のスーツを着ていようが、どちらにしても覚えていないことに変わりない。でも、一万九千八百円のスーツも三十五万円のスーツも同じだ、とは考えない。着心地も違うし、だいいち着た気分が違う（たぶん）。

服装と同様に、中年になると読書が楽になった。ぼくにとって読書は、文字を読めるようになってからずっと続いている習慣である。かれこれ五十五年ぐらい本を読んでいることになる。幼いころは別として、物心ついてからは見栄と義務感で読む本を選んでいた。いや、幼いころだって、もしかしたら「この本を選んだら、お父さん、お母さんが喜ぶかもしれない」と思って本を選んでいたかもしれない。覚えていないけれど。

漠然と、「読んでおかなきゃいけない本」みたいなものがある。日本文学だったら、漱石と芥川と太宰と宮沢賢治、みたいな感じで。あれは相当なプレッシャーだった。「読んでいないことがバレたら、オレの人間としての評価は地に落ちるだろう」というような恐怖を感じていた。「オレのいないところで『驚いちゃったよ、永江は太宰も読んだことないらしいぜ。呆れちゃうね』とかなんとか、いっているやつらがいるんじゃないか」なんて被害妄想をつのらせていた。

そのため、とにかく形の上だけでも読んだことにしようと必死になって、字面だけ目で追い、必然的に内容は把握できず、感動だの感想だののへったくれもなく、とにかく「読んだ」という事実をつくるためだけに時間を費やしていた。友だちに「あれ読んだよ」とたった一言いうだけのために。ああ、あほらしい。

もちろん、見栄や義務感でする読書がすべて無意味だとは思わない。どんな義務だろうが見栄だろうが、読めばそれなりに得るものはある。たまには感動だってするだろう。それはそれでいい。でも、見栄と義務感だけじゃ、生きててつまんないじゃないですか。

読書も服装と同じで、中年になると、流行を追いかけたり、他人の視線を気にしたりしなくてもよくなる。楽になる。

新聞にベストセラーの広告があっても、「ふうん、そういう本が売れているのか」と思うだけで、「読まなくちゃ」と焦らなくなった。他人から感想を求められることもあるけれども、そんなときは「読んでないので（答えられません）」と正直にいう。ただしこのとき、間違っても「興味ないんで」といっちゃいけない。「読んでないので」は事実を正直に打ち明けているだけだが、「興味がないんで」となるとカドが立つ。

読みたい本を読みたいときに、好きなように読む。小説でもドキュメントでも、詩集でも絵本でも哲学書でも。読んだからといって、誰かに感想を語るわけでもないし、書評を書くわけでもない。何かの「ため」ではなく、たんに読書として楽しんでいる。

『青春と読書』という出版社のＰＲ誌もあるように、読書は若者と結びつけて語られることが多かった。しかし、自分が青春から遠ざかり、中年から初老にさしかかってくると、ほんとうの読書は中年を過ぎてからだ、と思うようになった。

読み始めて、「どうも思っていたのと違うな」と感じたら、もう少しだけ我慢して読み続けて、それでも印象が変わらないようならやめてしまう。払った本の代金、二千円が惜しい？　いやいや、つまらない本に奪われる時間のほうがもったいない。中年の読書は、残された時間をやりくりしながらの読書でもある。

読みたいものを読んで、自由に感想をもち、ときには意見を述べる。一冊の本を読みながら、過去に読んだほかの本のことを思い出す。あるいは、若いころに読んだ本を再読して、かつてとは違う感想を抱く。こうした五十一歳からの読書には、それまで重ねてきた読書の経験が生きる。見るもの聞くもの何でもが「初めて」の青春の読書とは違う。もちろん若者には若者の読書があるし、もういまとなっては、ぼくに若者の読書をすることは不可能だ。しかし、中年には中年なりの、若者にはまねできない読書がある。ご同輩たちよ、一緒に本を読もうではありませんか。

一　漱石を超えた日

ぼくが夏目漱石を超えた日

夏目漱石を超えた。

といっても、漱石よりも立派な文章を書けるようになったという意味ではない。いうまでもなく。

年齢のことだ。いつのまにか漱石が死んだ歳を超えてしまった。こんな日が来るとは予想していなかった。

夏目漱石は一八六七年に生まれ、一九一六年に亡くなっている。四十九歳で死んだ。夭折とまではいわないけれど、現代の感覚でいうと五十歳にならずに死んだのは早い。「漱石イコール文豪」というイメージがあるし、ツイードの背広を着たポートレートや「則天去私」なんていう書を思い出して、つい漱石はいつもおじいさんだったかのように勘違いしてしまう。老人どころか、ようやく中年になりかけたところで死んでしまったのだ。

漱石を超えたと思うと、何だか落ち着かない気持ちになる。オレはこの歳になっても、何ひとつ成し遂げていないではないか。いや、それは何も仕事のことではない。歴史に名前を残すとか、偉いとほめられるとか、そういうことでもない。もっと人間としてのスケールというか、成長とか成熟とか。たとえば漱石のあの貫録のわずか一パーセントでもオレはもっているだろうか。

だが待てよ。オレが漱石が死んだ年齢を超えたということは、漱石のあらゆる作品は、いまのオレよりも若かった漱石が書いたわけで、ちょっとデフォルメしていうなら、それは年下の若造が書いた小説だ。人生の経験というものが、それまで重ねてきた年齢をそのまま反映されるものであるなら、いまのオレのほうが人生経験が豊かであるはずだ（前提条件が間違っているか?）。若造が書いた小説に、何びびってるんだよ、オレ。

なんて考えていくと、漱石の小説もこれまでと違ったように見えてくる。水平よりもちょっと見下ろすような感じで漱石を読んでみる。ずいぶん印象が変わる。仰ぎ見るような文豪が書いた神聖な作品から、自分よりも年下の男が書いた普通の作品になる。

子どものころ、父の本棚には漱石が何冊か並んでいた。全集を揃えるほどの余裕はなかったようで、文庫を中心に小型版全集の端本が何冊かある程度だったが。ぼくは漱石の本の背表紙を眺めて育ち、漱石は偉い人だというイメージを刷り込まれた。ただし、その偉さがわかったのはずっとあと、大人になってからだ。

子どものころ、『こゝろ』の背表紙を見て「こつろ」ってどういう意味だろうと疑問に思っていた。人の名前にしては奇妙だし、辞書を引いても見つからない。『吾輩は猫である』は猫が主人公だというから期待したが、人間たちの会話は意味がよくわからなかった。フィッシャーの絵本『こねこのぴっち』のほうがずっと素晴らしいと思った。

『坊っちゃん』を読んだのは小学校高学年か中学生になったばかりのころだろう。「〜ぞなもし」という松山弁が滑稽だったのと、生徒たちによる主人公へのいたずらが面白くて笑ったが、マドンナをめぐる恋の鞘当てのような筋立てはピンとこなかった。

高校生になって、現代国語の教科書に『こころ』が登場した。このころは「ゝ」が繰り返し記号であることは知っていて、父の本棚にある『こゝろ』が『こころ』であること、そして「心」の意味であることは知っていた。しかし読んでみて、これは奇妙な物語だと思った。三角関係とか横恋慕とか、そういうことだろうとはわかったけれども、だからといって共感はおろか理解もできなかった。

大学生になって、やっぱり漱石ぐらいはいちおう読んでおかなければという気持ちになって、『こころ』や『三四郎』『門』『それから』などを読んだ。つまらなくはないけれども、それほどすごいとも思えなかった。それよりも、サリンジャーのほうがグッときたし、ジョン・アップダイクやフィリップ・ロスのほうが面白いと思った。村上龍や三田誠広のほうがいいじゃん、と思った。

やがてガルシア・マルケスなどのラテンアメリカ文学ブームが来ると、日本の小説、それも同時代ではない明治・大正の文学なんて、読むだけ時間の無駄だと考えるようになった。例外は永井荷風と樋口一葉ぐらいだ。クリスマスにディケンズの『クリスマス・キャロル』を読み、大晦日に一葉の『大つごもり』を読むのがかっこいいと思っていた。若気のいたりというか、そもそも若者というのは不遜なものなのだからしょうがない。

中年になってふたたび漱石を読んだ。姜尚中《かんさんじゅん》が漱石の重要性を指摘していたからだ。のちに姜尚中は『こころ』のリメイク版とでもいうべき小説、『心』を書く。

中年になってあらためて読むと、漱石が書く主人公はじめ登場人物たちの気持ちがよくわかった。なぜわかったのか。ひとつはぼく自身の年齢のせいだ。『坊っちゃん』の主人公をはじめ、『吾輩は猫である』に登場する人間たちの年齢も、『三四郎』や『門』や『それから』の主人公たちの年齢も、さらには『こころ』の先生の年齢も、ほとんど超えようとしている。超えていないのは『坊っちゃん』のばあや、清《きよ》ぐらいかもしれない。この年齢になってみると、「なるほど、ここはこう考えるよなあ」などと、登場人物たちの行動や思考が内側からわかってくるのである。

もうひとつは十九世紀末から二十世紀はじめにかけてという時代背景について、いろいろと知識が蓄積されてきた。そう、漱石は世紀末文学だったのだ。日本の世紀末は徳川幕府の瓦解と明治維新、そして西洋文化の急激な流入という大変化の時代だった。一言でいうと、いろいろ大変だった。いろいろ大変な時代に、青年たちは悩んだ。

これは大発見だったのだけど、漱石が書いているのは、ごく普通のことだ。「こういう人がこういう状況になったら、こういう行動をするかもしれない」というシミュレーションを原稿用紙の上でやってみた。もちろんすべての人が同じ状況で小説と同じ思考と行動をするとは限らないけれども、小説のような選択がそれほど異常なことでもない。歳をとるとそういうことがわかってくる。三角関係や裏切りに長年苦しむことだってあるだろうし、いやな上司をぶん殴って仕事を辞めて故郷に帰るってことだってあるだろうさ。

漱石がすごいのは、異常なことを書いているからではなくて、普通の人の普通のことを正確にわかりやすく書いたところだ。普遍的な凡庸さ。そのことがわかったら、漱石が面白くなった。

『朝日新聞』の朝刊で少し前から漱石の連載小説を再掲載している（二〇一四年四月～）。昔と同じように、月曜日から金曜日まで、毎日少しずつ。ぼくは、「小説は一気に読みたい」派なのだけど、漱石のこの百年ぶりの連載小説に関してだけは、毎日少しずつがいい。すでに読んだことがあって、展開を知っているからかもしれない。少しずつ味わいながら読むのが気持ちいい。

『朝日新聞』は漱石の連載小説と同じページで、現代作家による連載小説も掲載している。こちらは土日も休みなしだ。題材も文体も違うわけだけれど、やっぱり漱石はすごいな、と思う。漱石と同じ紙面に載っちゃうんだから、現代作家は気の毒だよなあと思ったりもする。

和歌と漢詩をしみじみと

五十歳を過ぎてから、和歌や漢詩が面白いと感じるようになった。若いころは退屈なだけだったから、自分でもこの変化に驚く。

思い至る理由はない。しいて挙げるなら、茶の湯を始めたことぐらいか。毎週一回、稽古に通う。日本美術の展覧会に行ったり、和菓子を食べるようになった。茶道具には銘があり、和歌や漢詩、禅語などが題材になっていることが多い。和菓子などにも銘がつけられる。茶の湯に親しむにつれて、だんだんと和歌や漢詩に関心がわいてきた。

藤原定家という人が面白い。『百人一首』をつくった人だ。つくったといっても、定家がやったのは歌を集めて選んだだけだ。親友で歌人仲間の宇都宮頼綱《うつのみやよりつな》が、京都郊外の小倉山に別荘を建て、そこの襖に、和歌を書いた色紙を貼ったのが『百人一首』だといわれる。だから『小倉百人一首』という。定家の息子と頼綱の娘は結婚したから、親友であると同時に親戚だ。もっとも、歌は宇都宮頼綱自身が選んだという説もあるらしい。

定家に興味をもつきっかけは、書だった。独特のスタイルで、定家様《よう》ともいう。「様」は「様式」のことだから定家スタイルだ。ヘタウマというかポップというか、相田みつをみたいな感じでもある。というか、相田みつをが定家様をまねたのか。定家はこれが美しいと思って使ったのではなく、大量の文書を速く、なおかつ読みやすいように書き写すために生み出したと聞いたことがある。何しろ印刷技術のない時代だから、本は持っている人から借りて書き写すしかない。

すばやく大量に書き写すための書体を発明するぐらいだから、定家はたくさんの歌を書き写した。書き写すことで、先人たちのすぐれた歌を自分の血肉にしていった。ぼくもだんだんとわかってきたのだけれど、和歌というのは、どれだけ過去の作品を知っているかが、創作の上でも観賞の上でも鍵になる。引用に次ぐ引用で、イメージを借用したり、エピソードを借用したりして、自分の和歌をつくっていく。現代の著作権についての考え方からすると、ほとんどパクりじゃん、といわれかねない。しかしそういうものなのだ。価値観が逆なのだ。パクって引用してイメージを広げるのがすぐれた和歌なのだ。

素晴らしい！　ひとりでゼロから生み出せるものなんてほとんどない。クリエイターだ、アーティストだと威張っていても、その創作のほとんどは先人の仕事の上にある。教育というものそれ自体がパクりの練習みたいなものだ。そこで個性だのオリジナリティだのといって、まるで作品が自分ひとりで成り立っているみたいに主張するよりも、先人の作品を引用して借用して、その引用・借用のしかたにセンスを発揮して、面白いものをつくるほうがどれだけ偉いか。

定家、いいじゃんと思ったとき、同時に、子どものころ、もっと『百人一首』を一所懸命やっておくんだったと思った。正月にやるカルタのことである。正月に父の実家や母の実家に行くと、おじ・おば・いとこたちと、必ず『百人一首』をやった。もっとも、北海道の『百人一首』は本州のそれとはちょっとルールが違う。まず取り札は木でできている。文庫本の半分ぐらいの大きさで、厚さも五ミリぐらいはある。だから一セットは木の箱に入っている。これを取り合うときは、勢いで札が飛ぶこともある。飛んだ札が当たると、板だけにイタい。しかも北海道の『百人一首』は下の句だけを読んで取る。だからゲームとしての『百人一首』に強くても、和歌集としての『百人一首』を覚えているわけではない。下の句だけでは和歌の鑑賞にならない。

岩波文庫に『定家八代抄《ていかはちだいしょう》』という本が上下二巻で出ている。『古今和歌集』から『新古今和歌集』までの八つの勅撰和歌集から、藤原定家が選んだ和歌が並んでいる。勅撰和歌集じたいが、そのときどきの天皇の命令ですぐれた和歌を集めているのだから、さらにそれらから選りすぐったわけで、ベスト・オブ・ベストともいうべき和歌集だ。岩波文庫の『定家八代抄』は樋口芳麻呂《よしまろ》と後藤重郎の校注がついている。各歌の下に現代語訳があるのだ。

たとえば下巻に収録された「巻第十三　恋歌三」に人麿の「足引《あしびき》の山鳥《やまどり》の尾のしだり尾の長長《ながなが》し夜《よ》を独りかも寝ん」があって、その下に小さな字で「山鳥の長く垂れた尾のごとく、長い長い夜を独寝することであろうか。上句は下句の序」と書かれている。もっと本格的な観賞本だと、秋の夜長と山鳥の尾のことや、格助詞「の」が繰り返されること（現代のワープロソフトだと警告が出る）、山鳥の習性のことなどが書かれていたりするわけだけれども、岩波文庫版『定家八代抄』はきわめて簡潔に解釈だけを書いている。あとは自分で好きなように味わいなさいという、ほっぽり出し加減がいい。

岩波文庫の『定家八代抄』は「続王朝秀歌選」という副題がついていて、『王朝秀歌選』という本も、やはり樋口芳麻呂の校注で岩波文庫から出ている。こちらは平安から鎌倉初期にかけてつくられた秀歌選八種を選んだ本で、これまたベスト・オブ・ベスト。『百人一首』も入っている。

ぼくはこの『定家八代抄』上下と『王朝秀歌選』をベッドサイドの小テーブルに置いていて、ときどき寝る前に読む。ぱらぱらと開いて偶然目にとまった和歌を読むこともあれば、『定家八代抄』は季節や題材のシチュエーションごとになっているので、秋になったら「秋歌」をというふうに読んだりする。

藤原定家は『明月記』という日記を残した。ぼくは『明月記』そのものは読んだことがないけれども、堀田善衛《よしえ》の『定家明月記私抄』正・続編を楽しんだ。最初、図書館で借りて読んで、その後、ちくま学芸文庫に入ったので買った。これは堀田善衛が『明月記』を読みながら思ったこと考えたことを述べた評論である。

藤原定家の父は藤原俊成という和歌の第一人者だった。とはいえ貴族としては二流。しかも時代は平安末期から鎌倉の初期という大動乱期だ。定家には歌の家を継がなきゃならないというプレッシャーがあっただろうし、時代の変化にともなう苦労もあっただろう。またパトロンであり兄弟弟子であり、ライバルでもある後鳥羽院の運命なども気がかりだったろう。そのなかでひたすら定家は先人の歌を読み、書き写し、自分の歌を詠み、後輩たちを指導した。ただのヘタウマな字を書く歌人ではなかったのだ。

意味もよくわからないのに和歌を楽しんでいるうちに、こんどは漢詩も読みたくなってきた。これまた岩波文庫の松枝茂夫編『中国名詩選』全三巻などをぱらぱらめくっている。驚いたことに、項羽とか漢高祖、漢武帝、曹操なんかの詩もある。漢詩は訓読と現代語訳を読んでもいまひとつわからないことが多い。和歌は言葉の響きが気持ちよく、楽しいけれども、漢詩は漢字がビジュアルとして面白い。

ほんとうは中国語での発音がわかれば、音としても楽しめるのだろうけど。なんて思っていたら、二〇一三年に荘魯迅《そうろじん》『声に出してよむ漢詩の名作50』という本が平凡社新書で出た。この本は訓読と現代語訳、解説だけでなく、ピンイン（中国語の発音を表記するためのローマ字）とカタカナが振られている。しかも平凡社のサイトから著者自身の音声をダウンロードして、日本語読み下し、現代中国語、古風の朗詠の三通りで聴くことができる。これを聴くと漢詩のイメージが変わる。

おじさんになると、なぜ時代小説が好きになるのか

関川夏央に『おじさんはなぜ時代小説が好きか』（集英社文庫）という評論がある。タイトルは軽いが、中身はけっこうずっしりしている。司馬遼太郎や藤沢周平、山本周五郎などを論じた本だ。歴史（時代）と社会と個人（日本人）の心的関係を、時代小説そして時代小説作家を通じて考察している。

関川の評論は面白くてためになるのだけれど、ここでは深入りせず、タイトルだけちょいと拝借して考えたい。ぼくはどうして中年になって時代小説や歴史小説が好きになったのか。

十年くらい前から、時代小説の書き下ろし文庫がブームになっている。文庫で、時代小説で、書き下ろし、という本だ。作家でいうと佐伯泰英《さえきやすひで》や鳥羽亮、高田郁《たかだかおる》、風野真知雄《かぜのまちお》、和田はつ子など。書店によっては専門の棚を設けているところもあり、もう一過性のブー

ムではなく、ひとつのジャンルだ。

文庫は、たいていもとになる単行本や全集などがある。これを親本という。親本の刊行からだいたい三年ぐらいで文庫になるのが業界の慣行みたいなことになっている。小説はまず雑誌で連載され、それから単行本として刊行され、三年ぐらい経ったら文庫になるというのが定番パターンだ。それが雑誌連載も単行本化もなく、いきなりの書き下ろしで文庫になるのが、書き下ろし文庫。

時代小説の文庫を読むと、妙に安心する。この安心感はテレビドラマの時代劇と似ている。『水戸黄門』にしても『暴れん坊将軍』にしても、パターンは毎回同じだ。黄門さまが格さんに殺されたり、将軍が悪い藩主に斬られたりすることは絶対ない。悪人の設定が毎回変わるだけ。それだって限られたパターンの使い回しだ。マンネリとかワンパターンといわれるのだけど、たまらなく快感でもある。そういえば、銀座に越後屋という老舗呉服店があって、そこのお嬢さんに取材したとき、「子どものころ学校で、『おぬしもワルよのう』といってからかわれるのがいやだった」といっていた。

どうなるかという展開はわかっているのに、ハラハラしたりドキドキしたりする。何が起こるかわからないという未知への期待と、何が起こるかわかっているけれども、それがほぼ予想通りに進むことの快感は別のもので、時代小説や時代劇の楽しみは後者にあるのだと思う。しかし予想通りとはいっても、同じものを繰り返し見るのとは違って、設定は毎回少しずつ違っていて、その違いを味わうのもまた楽しい。歌舞伎や文楽や落語などで、同じ演目をやっても役者や噺家によって違うように。あるいはクラシック音楽やジャズのスタンダードが演奏者によって違うように。

既知の情報に触れるのは快感である。「あ、これ知ってる」と思った瞬間、快楽の電流が走る。パターン化された時代小説はその快感を与えてくれるし、疲れた頭と身体をリラックスさせてくれる。書き下ろし時代小説文庫はリラクゼーション小説だ。

中年になると、歴史小説が好きになる理由もそのへんにあるのかもしれない。

ここでひとこと触れておくと、歴史小説と時代小説は別のものだ。時代小説は近代以前を舞台にしていて、実在した人物を登場させることはあるけれども、基本的には作家の創作だ。それに対して歴史小説は歴史そのものを描くことが主題で、歴史上の人物や事件が題材となる。司馬遼太郎は歴史小説家で、藤沢周平は時代小説家といえるだろう。もっとも、歴史小説は単純に事実の記述ではなく、たとえば司馬遼太郎が描く坂本龍馬はあくまで司馬による龍馬であって、そこには司馬の創作も混じっているし、どこまで「本物」の龍馬が再現されているかはわからない。また藤沢周平が描く庄内藩にしても、状況設定などにはベースとなる史実があり、百パーセントの創作ではない。また、同じ作家が歴史小説と時代小説の両方を書くこともある。朝井まかての『恋歌《れんか》』や『先生のお庭番』『阿蘭《おらん》陀西鶴《ださいかく》』は歴史小説だが、『すかたん』や『ぬけまいる』『ちゃんちゃら』は時代小説だ。ぼくは時代小説と歴史小説を区別して並べている書店を見ると「できる！」と思う。

年齢を重ねると、いろんな知識が蓄積されていく。歴史好きであろうとなかろうと、知識として入ってくる。京都や奈良を観光すれば、歴史の舞台をいろいろ歩くことになる。京都や奈良や鎌倉じゃなくても、観光地はたいてい歴史的な何かの場所だ。熊本に行けば熊本城、松本に行けば松本城を見る。そんなこんなの知識が、自分でも気がつかないうちにたまっていて、それが歴史小説を読んだときに、聞きかじりの知識と結びつく。この瞬間に快感の電流が走る。

逆のことも起きる。歴史小説で知っていることに旅先で出会うと、「ああ、ここだったんだ」と思う。東京で暮らしていても、東京は歴史の宝庫であり、「ああ、ここだったんだ」と思うことがしょっちゅうある。とくに外堀の内側エリアは、坂道ひとつにしても、何らかの歴史的事件と関わりがあったりする。

一冊の歴史小説で得た知識は、ほかの歴史小説を読むときにも生きてくる。べつにクイズ王になろうと思って歴史小説を読むわけではないけれども、知識が網の目状に広がっていく。これもまた快感だ。


歴史小説を読んだり、歴史についてのノンフィクションを読んだりするうちに、自分は何者かということをぼんやりと考える。それは若いころの、まだ何者でもない自分に対する焦りと、それゆえの自分探し的な、いまだったら「中二病」などと嘲笑されかねない衝動とはちょっと違う。人生の締めくくりの時期に入って、我が身を振り返りつつ、それを歴史の上に重ね合わせる。もちろん自分を歴史上の偉人たちになぞらえようとか、戦国武将の戦略に学ぼうなどと考えるわけではない。そうではなくて、人は何のために生まれて、何のために死んでいくのか、みたいなことを漠然と考えるのだ。

「人間は宿命として社会的生物なのです」という言葉が、関川夏央の『おじさんはなぜ時代小説が好きか』の表題章にある。人間は社会のなかにあり、歴史のなかにある。歴史小説を読んでいるうちに、それが実感されてくる。過去の延長線上に現在のぼくがいる。民族的アイデンティティとか、ナショナリズムと結びついた誇りなどではない。それを超えたものを歴史小説は意識させてくれる。

こんなふうに書くと、時代小説はくだらない娯楽で、歴史小説は高尚な文学であるみたいに思われるかもしれないけれども、そんなことはない。時代小説は設定の制限があるが故に、人間の感情の機微や、世の中の、人の意志や力ではどうにもならないことを描くのに適していて、それはそれで「自分は何者か」ということを考えさせたりする。

いずれにしても、時代小説や歴史小説を読む楽しさに、若かったころは気づけなかった。歳をとってよかったと思う。

迷ったときの文学賞

本を選ぶのは難しい。若いころは、手当たり次第、何でも読めばいいと思っていた。しかし中年を過ぎるとそうもいっていられない。オトナには時間がないのだ。終わりは刻々と迫っている。無駄な本は読みたくない。つい最近まで「無駄こそ人生」なんていっていたくせに。

何を読むか迷っているとき、ベストセラーは避けたほうがいい。これはプロとしてのアドバイスだ。

ぼくは『週刊朝日』と『週刊アサヒ芸能』という週刊誌でベストセラーについての書評を連載している。『週刊朝日』は隔週、『週刊アサヒ芸能』は毎週。それと『ダ・ヴィンチ』という月刊誌でも、ベストセラーランキングを分析するコラムを連載している。『週刊朝日』と『週刊アサヒ芸能』では、どんな本を取り上げるか、毎回、編集者と相談して決めている。締め切りの一週間ぐらい前に、候補を四、五点挙げたリストを編集者にメールする。候補にする条件は、重版が出ていること、大手書店や取次《とりつぎ》（問屋のような会社）のベストセラーリストに入っていることである。両誌とも明文化されたものがあるわけではないが、担当編集者と話して、だいたいの基準を決めた。

これがけっこう苦労する。ベストセラーなら何でもいいというわけにはいかない。わざわざ紹介するのだから、面白い本、読みごたえのある本、読む価値のある本を取り上げたい。「こんな本はダメだ」という書評があってもいいとは思うけれども、けなすくらいなら無視したほうがいい。しかし、ランキング上位二十冊なり三十冊なりのなかから、面白い本や読みごたえのある本や、読む価値のある本を探し出すのは難しい。ほとんどのベストセラーは、つまらなくて、読みごたえがなくて、読む価値のない本だ。

以前、斎藤美奈子さんが「ベストセラーでトップテンはつまらない本が多いけど、十一位以下にはときどき面白い本がある」といっていた。いまは二十位から三十位の間でもつまらない本ばかりだ。

だから、「売れているから」「みんなが読んでいるから」という理由で本を選ぶのはよしたほうがいい。もちろんすべてのベストセラーがつまらないわけじゃない。村上春樹の『1Q84』はよかったし、又吉直樹の『火花』も面白い。でも、面白い本はベストセラーのなかのほんの一部だ。

ベストセラーを読むくらいなら、賞を受賞した本を読んだほうがいい。「何かの賞を受けたからといって、その本を選ぶのは、権威に頼っているようでいやだ」と、若いころのぼくならいうだろう。いまでも少しはそういう気持ちがある。ベストセラーもいやだけど、権威ある賞を受賞した本もいやだ。自分だけの「いい本」「ナイスな本」を見つけたい、といまでも思う。だけど、時間がないのだ、残された時間が。

賞をとった本というのは、その賞の選考委員が読んで、賞にふさわしいと認めた本だ。たいていの賞は、作家や評論家、学者など、読むことに長けた人が選考委員になっている。ドゥマゴ文学賞のように毎年替わるたったひとりの選考委員が選ぶ賞もあるけれども、それはかなり例外的で、ほとんどの賞は複数の選考委員の合議によって決まる。

賞の選考なんて利権化していて、あんまりあてにならないという人もいる。選考委員は候補作をちゃんと読んでいない、という噂も聞く。ただ、複数の選考委員に聞いた話によると、選考はそれぞれの委員の読解力や鑑賞力、文学観を賭けて意見をたたかわせるので、真剣勝負なのだという。喧嘩のようになることもあるそうだ。

　ぼくの意見としては、どれも少しずつ正しいと思う。たとえば芥川賞や直木賞を見ていると、「なんでアレがダメで、コレが受賞？」と思うことはよくあるし、「この作家のこの作品に賞を与えるなら、前回の候補になったあの作品であげておけばよかったのに」と思うこともある。芥川賞と直木賞は、選考でどんなやりとりがあったのかは公表されないが、各選考委員が選評を書くので、だいたい誰がどの作品を推したのかがわかる。

　賞で面白いのは、選考されるのが候補作だけでないところだ。選考委員たちの読む力や文学観も社会や歴史に試される。そういうものを晒《さら》しながら受賞作を選ぶのだから、真剣勝負だというのは当たっていると思う。

　だから、どんな本を読んでいいかわからないとき、ベストセラーを、たんに売れているからとか話題だからという理由で選ぶくらいなら、何らかの賞を受賞した本を選ぶほうがいい。それがベターな選択だ。ただ、賞なら何でもいいというわけではない。新人賞はおすすめしない。新人賞は才能発掘的な側面があるので、作品としてすぐれているかどうかよりも、作家の才能や将来性を見つけ出そうとするところがある。先物買い的な要素もある。文学マニアならいいけど、人生のカウントダウンが始まったわれわれにその余裕はない。よって、文芸誌・小説誌の新人賞は読書の候補から除外。江戸川乱歩賞や『このミステリーがすごい！』大賞も、ミステリーファン以外は除外。芥川賞は本来は新人賞だったが、最近はだんだん中堅の作家にも出すようになってきた。それでも、当たり外れは大きく、わざわざ読むことはない。文庫になってからで十分だ。直木賞は芥川賞と違って、中堅に与えられる賞。ただ、ここしばらくは功労賞的な感じが多く、その作品がすぐれているからというよりも「そろそろこの人にはあげてもいいかな」的な雰囲気が漂う。過去の授賞歴を見ても、何だかタイミングがずれている。というわけで、芥川賞・直木賞も読まなくていい。先物買いが好きな人は、三島由紀夫賞のほうが面白いというかもしれないが、三島由紀夫賞・山本周五郎賞も文庫になってからでいい。

ぼくがいいと思う賞は次の通り（二〇一五年現在）。

《野間文芸賞》講談社が後援している純文学を対象にした賞。選考委員は奥泉光、佐伯一麦、高橋源一郎、多和田葉子、町田康。

《谷崎潤一郎賞》 中央公論新社が後援している純文学を対象にした賞。選考委員は池澤夏樹、川上弘美、桐野夏生、筒井康隆、堀江敏幸。

《泉鏡花文学賞》 金沢市が主催する文学賞。ファンタジー的傾向のある作品が多い。選考委員は嵐山光三郎、五木寛之、金井美恵子、村田喜代子、村松友視。

《大佛《おさらぎ》次郎賞》 朝日新聞社が主催する賞。選考委員は池内了、佐伯一麦、田中優子、船橋洋一、鷲田清一。

こうしてみると、フィクション、ノンフィクションを問わず、賞はたくさんあるけれども、わざわざ読むほどの賞は意外と少ない。文庫になってからで十分じゃないかという気がする。

一年間のテーマを決める

年の瀬が近づくと必ずやること。おせち料理の手配。大掃除。新しい手帳探し。そして、来年の読書テーマと音楽テーマを決めること。

しばらく前から、一年間のテーマを決めて本を読んでいる。始めた理由は、何となく自分自身の読書生活に不満があったからだ。

毎日、本を読んでいる。しかし読む本は仕事のためのものが多い。書評を書くために本を読み、取材するために本を読む。原稿を書くためにも本を読む。そうなるとどうしても読む本が偏ってくる。書評で取り上げるのはたいてい新刊だから、新刊ばかり読むことになる。取材のために読むというのは、たとえば作家や学者にインタビューする前に、その作家や学者の著書を集中的に読むこと。また、大学に勤務していたときは、授業の準備のために関係のある本を読んだ。

あるとき、ふと思った。ぼくは何のために本を読んでいるのだろう。本を読むのが好きで、ライターという仕事、書評家という仕事をしているのに、これでは生活費を稼ぐために本を読んでいるみたいではないか。学生のころの、あるいは会社員のころの、好きなときに好きな本を読む生活をしたい……。

じゃあ、好きなときに好きな本を読めばいいじゃないか。誰かに禁じられているわけでもないのだし。そう、たしかに好きなときに好きな本を読めばいい。ところがこれが意外と難しい。仕事で読まなきゃならない本があると、読みたい本を犠牲にして、読まなきゃならない本を読んでしまう。ついつい仕事優先になってしまう。

そこでルールを考えた。一年間のテーマを決めて本を読む、というルールだ。仕事とは関係なく、一年かけてそのテーマの本を読む。仕事の本を読まないわけじゃない。仕事の本は読む。でも、それ以外のときは年間テーマの本を読む。もちろん仕事とも年間テーマとも関係のない、純粋に読みたい本が出てきたときはそちらも読む。

毎年のテーマに一貫性はない。いちばん最初のテーマは安岡章太郎だった。「安岡章太郎強化年間」。安岡章太郎は中学生・高校生のころ、夢中になった作家だ。最初は『なまけものの思想』などのエッセイから入り、『海辺《かいへん》の光景』や『質屋の女房』などを読んだ。しかし、いつのまにか遠ざかってしまっていた。年間テーマを決めて読書をしようと考えたとき、そうだ、忘れていた安岡章太郎を読もう、と思った。若いころに読んだ本も含めて、とにかく一月一日から十二月三十一日までの一年間を安岡章太郎とともに暮らす。

ただし、安岡章太郎の完全読破ではない。目的は安岡章太郎の作品をすべて読むことではなく、一年間を安岡章太郎と暮らすことだ。

やってみてこれが大成功だった。毎晩、寝床で古い文庫の安岡章太郎を読む。安岡章太郎を読んで眠りにつく。仕事で読まなければならない本が溜まっているときは、何日か安岡章太郎を読めない日が続く。そんなときも、心のどこかに安岡章太郎がいる。ほかの仕事をしていても、ときどき安岡章太郎のことを思い出す。楽しい一年間だった。

幸運なことに、安岡章太郎強化年間の何年かあと、安岡さんにお目にかかることができた。尾山台のお宅にお邪魔した。案内してくださったのは、元講談社の編集者、鷲尾賢也さんだった。取材の間、安岡さんは終始にこにこしておられた。それから一年ぐらいして安岡さんは亡くなった。鷲尾さんも神田神保町の仕事場で急死した。ぼくはめったにインタビュイーと記念撮影することがないのだけど、安岡さんにだけはお願いして、同行したカメラマンに撮ってもらった。大切な思い出の写真になった。

安岡章太郎強化年間の成功以来、これまでいろんなテーマを選んできた。メルヴィルの『白鯨』だけを読んだ年もあったし、セルバンテスの『ドン・キホーテ』前編後編を読んだ年もある。松岡和子訳のシェイクスピアも。テーマを選ぶ基準は、前から気になっていたものとか、わざわざ年間テーマにしないと読まずに一生を終えてしまいそうなもの。

講談社学術文庫の『日本の歴史』と中公文庫の『世界の歴史』をテーマにした年もあった。これはハマった。中年になると歴史好きになる人が多い理由がわかった。『世界の歴史』は全部で三十巻もあり、一年目では半分しか読めなかった。面白かったので一年一テーマというルールを破って次の年も読み続けた。二〇一四年は『平家物語』をテーマにした。岩波文庫の『平家物語』を中心に読んだのだが、その前に新書や文庫で出ている解説書を何冊か読んだ。古典を読むときのテクニックがわかった。

『日本の歴史』と『世界の歴史』を読んでみて思ったのは、日本の歴史、人類の歴史というのは愚行の繰り返しだということ。人間はちっとも進歩していない。いつも下らないことで争い、つまらないことで人を殺す。たぶんこれからも人類は戦争をやめないだろうし、環境破壊も続けるだろう。人間は愚かな動物だ。歴史の本を読んでいると絶望的な気持ちになる。どうして歴史家たちはシニシズムに陥らないのか不思議でならない。『平家物語』を読むと、日本人の性格が一千年前から変わっていないのに呆れた。日本人は人を持ち上げて落とすのが得意なのだ。平清盛が上り調子のときはみんな褒めたたえる。「平家にあらずんば人にあらず」は平時忠の言葉というよりも、当時の人びとの気分だろう。ところがちょっと風向きが変わると、掌を返したように叩き始める。「驕《おご》る平家は久しからず」。その落差が大きい。清盛の臨終の描写なんて、これでもかこれでもかというぐらいに残酷に描いている。滅んでいくのが好きなのかもしれない。ドラマティックに滅んでいくためには、栄華もそれなりに立派でなければ盛り上がらないのか。もともとサディスティックな民族性なのかもしれない。現代でも似たようなことがしょっちゅうある。

二〇一五年のテーマは池澤夏樹個人編集の『世界文学全集』（河出書房新社）だった。全集のなかには年間テーマにしなければ一生読まずに終わったであろう作家の巻もある。発見の多い一年になった。

年間読書テーマというのは自分で決めたゆるいルールだ。絶対にこうしなきゃいけないというものでもない。一年間をその本と暮らすというだけ。年間テーマの本の読み方は、その本が文庫や新書なのか単行本なのかで違う。単行本のときは、昼ご飯と晩ご飯のあと、歯を磨きながら読む。文庫本や新書のときは、電車のなかで読む。いつでも・どこでも、ということで考えると、テーマは文庫本で読めるもののほうがいい。『世界文学全集』をテーマにしてよかったと思ってはいるけれども、外出時に電車のなかで読むにはかさばりすぎるのが難点だ。中公文庫版『世界の歴史』も巻によっては六百ページを超えるものがあり、携帯しづらい。ぼくはカッターで二百ページぐらいずつに分冊して持ち歩いた。電子書籍で年間テーマ読書ができるといいのだけれど、残念ながら、いまのところテーマとして選べるほど本の種類がない。

一年の終わりが近づいてくると、「このテーマともお別れだ」と思い、少しでもたくさん読もうと、できるだけ時間をつくるようになる。それと同時に、来年のテーマは何にしようかと考える。読書は計画を立てているときも楽しい。

新書は最高の発明品だ

何かについてある程度まとまった知識を得たいと思ったときは、大型書店の新書売り場をおすすめする。新書は、そのジャンルの第一人者が、一般の読者にもわかりやすく書いたものが多いからだ。安い、うまい、面白い。もっとも、このところしばらく続く新書ブームのなかで、執筆者もテーマもつくり方もかなり多様化していて、新書なら何でもいいとはいえないけれども。

新書は日本の近代出版史上、最高の発明品だと思う。新書に先立って、まず文庫があった。いま文庫というと、Ａ６判のペーパーバックを指すことが多いが、もともとは「シリーズ」「叢書《そうしょ》」といった意味だった。さらにさかのぼると、文字通り文書をたくさん保管する倉庫のことだった。金沢文庫ができたのは鎌倉時代中期のことだ。

岩波書店が一九二七年にスタートさせた岩波文庫が現在の文庫の始まり。岩波文庫の特徴は古典・名作を安い値段で大衆に提供することである。いまも岩波文庫はこのコンセプトを変えていない。巻末のマニフェスト、「読書子に寄す」を読むと、当時の円本《えんぽん》ブームに対する強い怒りが伝わってくる。時代は大正から昭和になり、大正デモクラシーが終わって、文庫創刊の二年前の二五年には治安維持法が成立している。二七年は大臣の失言から始まった金融恐慌の年でもある。世の中がだんだん暗くなっていくときに岩波文庫が創刊された。

岩波新書は岩波文庫創刊の十一年後、一九三八年の創刊。日米開戦の三年前だ。世の中は十一年前よりもさらに悪くなっている。当時のいわゆる「旧赤版」巻末にあるマニフェストを読むと、ファシズムに覆われていく状況に対する危機感と怒りが伝わってくる。それも、軍部から突っ込まれないよう細心の注意をはらった文章だ。

新書は文庫が古典を扱っているのに対して、同時代の新しい知識を広めるためにつくられた。「現代人の現代的教養」である。値段は安く、文章は読みやすく、ページ数も少ない。ただし執筆は一流の専門家。このコンセプトも、そのまま現在まで受け継がれている。

戦後、岩波新書に追随してたくさんの新書が創刊された。生き残ったレーベルもあれば、淘汰されたレーベルもある。

一九九〇年代から何度目かの新書ブームが起きて、現代に至る。毎月、大量の新書が刊行される。大型書店に行くとたくさんのレーベルが並んでいる。これだけ多くなると、中身は玉石混淆だ。当たり外れは大きい。びっくりするほどずさんなつくりの新書もあるし、いわゆるトンデモ本もある。新書だからといって信用してはいけない。

新書を選ぶとき、ぼくが注意するのは、まずレーベルだ。岩波新書、中公新書、講談社現代新書の三レーベルは、歴史もあり、新書づくりのノウハウが社内で受け継がれているので、よいものが多く、外れが少ない。ちくま新書は現在の新書ブームが起きるきっかけになったレーベルで、これもよいものが多い。スタートのころは、後発の新書として、岩波新書や中公新書がやらないような入門書が多かったが、最近はかなり突っ込んだテーマのものも出している。そのほか、平凡社新書、集英社新書、光文社新書、角川新書、NHK出版新書にもいい本があるので見逃せない。

新書は薄いところがいい。たまに清水正之『日本思想全史』（ちくま新書）のように四百ページを超えていたり、天野郁夫『大学の誕生』（中公新書）のように上下巻（合わせると八百ページ強）だったりするものもあるし、小熊英二・姜尚中編『在日一世の記憶』（集英社新書）のように七百八十二ページもあるほとんど煉瓦のような新書もあるが、たいていは二百ページ前後に収まっている。文字の大きさや内容にもよるけれど、三～四時間ぐらいで読み終えられる。片道三十分、電車に乗って通勤している人なら、一週間に一～二冊読めるだろう。

二百ページ前後の新書は、ジャケットやコートの内ポケットに収まる。開いたまま片手で持てるし、片手で持ったままページをめくることもできる。ポケットに入れておいて、電車を待つ間ホームに立って読めるし、外を歩いていて信号を待つ間に読むこともできる。もちろんカフェでコーヒーを飲みながらでも。携帯に便利なのがいいところなのだから、厚い新書は邪道だと思う。

数ある新書のなかで、強くおすすめしたいのが岩波ジュニア新書だ。文字通り、岩波新書のジュニア版として一九七九年に創刊された。だいたい中学生・高校生を対象にしているといっていい。しかし、「どうせ子ども向けだろう。中身も軽いんだろう」などとあなどってはいけない。なかなか高度だ。

たとえば岩田靖夫『ヨーロッパ思想入門』。岩田は哲学研究者で、長く東北大学で教えた。ソクラテスやアリストテレスなど古代ギリシア哲学を中心としながら、キルケゴールやハイデガー、レヴィナス、ロールズなどまで視野に入れた研究をしていた。『ヨーロッパ思想入門』は西洋哲学だけでなく西洋のものの考え方の根底にあるのは何かを解説した本。

「はじめに」の冒頭からしてすごい。

『ヨーロッパ思想入門』と銘打ったこの本で、筆者が意図したことは、ヨーロッパ思想の本質を語ることである。

ヨーロッパ思想は二つの礎石の上に立っている。ギリシアの思想とヘブライの信仰である。この二つの礎石があらゆるヨーロッパ思想の源泉であり、二〇〇〇年にわたって華麗な展開を遂げるヨーロッパの哲学は、これら二つの源泉の、あるいは深化発展であり、あるいはそれらに対する反逆であり、あるいはさまざまな形態におけるそれらの化合変容である。

中学生・高校生どころか、大学の一般教養のテキストにしてもいいくらいだ。入門の入門みたいな位置づけで読むといい。

川北稔『砂糖の世界史』も素晴らしい。砂糖に焦点を当て、世界史を多面的に見ていく本だ。そもそも砂糖の原料をつくれないはずのヨーロッパに、どうやって砂糖が入っていったのかとか、コーヒーハウスが果たした文化的役割とか、イギリス労働者階級の朝食とティータイムのこととか、奴隷制度と砂糖のこととか。甘いものは多くの人をハッピーな気持ちにさせるが、甘いものに欠かせない砂糖の歴史はなかなか苦いものだ。著者の川北稔は歴史学者で、イギリス近世近代史が専門。元大阪大学教授で、ウォーラーステインの『近代世界システム』『史的システムとしての資本主義』を翻訳したことでも知られる。

蓼沼宏一『幸せのための経済学』や神野直彦『財政のしくみがわかる本』は、新聞の経済面を読むよりも経済のことがわかるし、インチキ臭い脳科学の本に手をのばす前に『脳科学の教科書　こころ編』と『同　神経編』（ともに理化学研究所脳科学総合研究センター編）を読んでおきたい。

そのジャンルの第一人者が、素人でも理解しやすいように、平易な文章でていねいに書く、という岩波新書創刊のころの精神は、岩波新書本体よりも岩波ジュニア新書によく生かされているのではないかと思う。

新書選びのコツのひとつは、どれくらい長く売れているかを見ること。毎月、大量の新書が出るが、そのうち、版を重ねていくものはわずかだ。ほとんどの新書は翌月になると消えていく。もちろん消えていく本のなかにも、すぐれたものがあるかもしれないが、全体からいうとそれはまれだ。ロングセラーのほうが、いい本である確率は高い。だから新書の売り場に行ったら、新刊が平積みされている台ではなく、本棚に並んでいる本に注目する。たいていの書店は新書を刊行順に並べているから、ここ最近二〜三カ月の間に出たものは無視して、それよりも前に出たものを見る。奥付を確かめ、何刷しているかもチェックしたい。新書なのに、古いものを探すとは、これいかに。

岩波書店の本は返品できないので、置きたがらない書店も多い。積極的に置く書店は、それだけ品揃えに関して敏感だともいえる。岩波新書、岩波ジュニア新書が並んでいるかどうかは、書店を選ぶときのモノサシにもなる。

いまの自分の年齢で死んだ作家の本を読む

ある若い作家が、自殺した著名作家の年齢を超えるたびに、「ここまで生きのびた」と思うといっていた。北村透谷が首を吊ったのは二十五歳のときだった。太宰治が玉川上水で心中したのは三十八歳のとき。田中英光が太宰の墓の前で睡眠薬を飲み、手首を切ったのは三十六歳のとき。芥川龍之介が睡眠薬を飲んで死んだのは三十五歳のとき。三島由紀夫が市ケ谷の自衛隊駐屯地で割腹自殺したのは四十五歳のとき。

太宰にしても芥川にしても、あるいは三島にしても、年齢だけいえば、現代なら若手で通用しそうな歳で死んでいる。それぞれの死にはそれぞれの事情があり、それぞれの事情は複雑だから、一般化して何かをいうことはできない。しかし、たとえ自殺しなくても、いつかは死んでいたわけだから、何もそんなに急がなくてもと思う。もしも彼らが自殺せずにいまも生きていたとしたら、三島は九十歳、太宰は百六歳、芥川は百二十三歳だ。そんな仮定に何の意味もないけれど。

いつのまにか漱石が死んだ年齢を超えてしまったと気づいたとき、オレはまだ何も達成してないじゃないかと焦るのと同時に、いまの自分の年齢で死んだ人の本を読んでみたいと思った。

山田風太郎に『人間臨終図巻』という便利な本がある。歴史上の著名な人びとの最期が、死んだ年齢別に紹介されている（ただし満年齢では、本の表記と合わない人もいるし、やや不正確なところもあるが、ここは山田の分類に従う）。エピグラフにはダンテの『神曲・地獄篇』から「この門を入る者一切の望みを捨てよ」という言葉が掲げられている。人はいつか必ず死ぬ、死はまぬかれない、という意味だろうか。

十代と二十代はそれぞれまとめて並んでいて、三十一歳からは一歳ずつ、その年齢で死んだ人が紹介されている。たとえば十代は八百屋お七に始まり、大石主税《ちから》、アンネ、森蘭丸《らんまる》と続き、大山信子、愛新覚羅慧生《あいしんかくらえいせい》まで十一人が紹介されている。大石主税は赤穂浪士、大石内蔵助の息子。大山信子は明治の元老、大山巌《いわお》の娘で、徳冨蘆花『不如帰《ほととぎす》』のモデルになった人。愛新覚羅慧生はラストエンペラー、愛新覚羅溥儀《ふぎ》の姪で、学習院大学の同級生と伊豆で心中した。

二十代で死んだ人びとのなかで、作家は、樋口一葉や北村透谷、石川啄木の名前がある。画家の村山槐多《かいた》や青木繁も。作曲家の滝廉太郎が二十三歳で死んでいたのには驚いた。『荒城の月』はもっと歳をとった人が作曲したと思っていた。

四十九歳で死んだ人の章には、夏目漱石のほか、伊藤左千夫や堀辰雄、坂口安吾、山下清の名前がある。ゾルゲ事件のゾルゲも、『風と共に去りぬ』のマーガレット・ミッチェルも。ミッチェルが『風と共に去りぬ』を書き始めたのは二十六歳のときで、ラストの部分から書いていったのだという。小説が完成し、発売されたのは十年後だ。小説は記録的ベストセラーになり、世界中で読まれた。巨額の収入を得たミッチェルは、その後二度と小説を書かなかった。山田風太郎はそんな彼女を、自分の「版権保護者兼印税取立て主任」としての余生を過ごした、とちょっと辛辣な書き方をしている。

四十八歳の章には三木清や林芙美子や寺山修司の名前がある。聖徳太子や上杉謙信や織田信長も。寺山修司は最晩年に会ったことがある。会ったというより見かけたというほうが正確か。軽井沢に高輪美術館（現セゾン現代美術館）ができて、そのオープニングにぼくは学生アルバイトとして一カ月近く働いた。オープニングイベントの講演のために来ていた寺山と、事務的なことでひとことふたこと言葉を交わした。すでに肝硬変を患っていたのだろう、顔色が悪かった。あのときの寺山はまだ五十歳にもならず、いまのぼくよりも十歳も若かったのだ。

芭蕉も島木赤彦も岡本かの子も梅崎春生も、五十歳で死んだ人の章に登場。何と西郷隆盛も。上野駅の西郷どんの銅像は、どう見ても還暦過ぎのイメージだろう。もっとも、西郷夫人は、夫はあんな風体ではなかった、浴衣に下駄履きで犬の散歩なんかに行かなかった、といっていたそうだが。

バルザックもプルーストもリルケも、五十一歳の章にある。岩崎弥太郎も岡倉天心も宮崎滔天《とうてん》も。リルケは何となく若死のイメージがあったが、バルザックとプルーストが五十一歳で死んでいたとは。

山田風太郎によると、富と名声へのあこがれを原動力におびただしい小説を輪転機のごとく書いたバルザックも、四十歳を過ぎてからは急速に創作力を失っていたそうだ。それでも借金に追われ『従妹ベット』と『従兄ポンス』を書いたのが四十七、四十八歳の年。「あとは小説家バルザックのぬけがらが残っているばかりであった」と山田風太郎は書く。最期はおそらく糖尿病の併発で、ほとんど失明に近かったという。

プルーストは子どものころから喘息に悩まされ、三十五歳くらいから『失われた時を求めて』を書き始め、死の直前まで原稿に手を入れ続けた。

ぼくの今の年齢、五十七歳で死んだ人びとの章にあるのは、ベートーベン、水野忠邦、ハリー・パークス、寺田寅彦、北原白秋、中野正剛、南雲忠一、安達二十三《はたぞう》、大松博文。そうか、ベートーベンはぼくのこの年で死んだのか。

中野正剛は戦前の政治家。右翼、ファシストでもあり、しかし戦時中に東条英機を激しく批判して逮捕され、釈放の翌日に自決した。南雲忠一と安達二十三は軍人。大松博文は女子バレーの監督。

寺田寅彦は名言「天災は忘れたころにやってくる」で知られる科学者で、漱石の弟子だった。科学エッセイの名手で、ぼくは岩波文庫の『柿の種』と岩波少年文庫の、池内了が編集した『科学と科学者のはなし』をときどき本棚から引っ張り出して読んでいる。そうか、寺田寅彦もこの年で死んだのか。寺田寅彦は脊椎の骨腫瘍だったようで、ずいぶんと苦しみながら死んだ。しかも妻が無神経で乱暴で、見舞いに行った幸田露伴が眉をひそめたのだという。悪妻だったらしい。うーむ。

北原白秋は五十二歳のときに糖尿病と腎臓病による眼底出血でほとんど目が見えなくな

る。そしてこれまた苦悶のなかで死んでいく。

白秋の詩が青空文庫にあるので、ときどき読んでみる。『邪宗門』や『海豹と雲』『まざあ・ぐうす』など。五十七歳で死んだ人の言葉だと思うと、何ともいえない気持ちになる。

この『人間臨終図巻』を書いた山田風太郎自身は、二〇〇一年、七十九歳で亡くなった。亡くなる何年か前に、電話で少し話を聞いたことがある。テーマは老人のエロについてだった。電話口で山田は「もうこの歳になるとすっかり枯れてしまって、そっちのほうはぜんぜんダメですよ」と笑っていた。

ブックガイドの効用

若いころは突っ張っていた。といってもヤンキーだったわけじゃない。そういう突っ張りではなく、他人からものをすすめられると反射的に拒絶した。課題図書とか推薦図書なんていうのは大嫌い。授業で先生がすすめる本も避けて通った。ついでにいうと、教科書もろくに読まなかった。気分としては「けっ、文部省が認めた本なんて読んでられるか」てなもんである。当然、学年が終わると古い教科書は捨てていた。いま振り返ると、もったいないことをしたと思う。

そういうわけだから、ブックガイドのたぐいはあまり読まなかった。読むべき本なんていうのは、自分で体当たりして探していくもんだと思っていた。いい本だけ読んでちゃダメだ、クズみたいな本も読んでこそ、いい本の価値がわかる。他人がつくったブックガイドに頼るよりも、自分のブックガイドをつくれ、といったような心意気である。

ところが人生経験を積んでいくと次第に丸くなる。そんなに突っ張らなくてもいいんじゃないかなあ、と思うようになる。そもそも何に対して突っ張るのか。「オレはブックガイドなんて読まないぜ」と意気込んだところで何になるのか。そもそもブックガイドはどういうものか。ちょっと読んでみようじゃないか、という気持ちになってきた。

人文書院からその名もずばり「ブックガイドシリーズ　基本の30冊」というシリーズが出ている。ジャンルの分類がちょっと変わっていて、丸川哲史著『東アジア論』とか、土佐弘之編『グローバル政治理論』といった本もある。このなかから難波功士の『メディア論』を読んだ。難波功士は京都大学文学部を卒業後、いちど博報堂に勤め、東京大学大学院に入り、社会学者になった人。著書は広告についての本が多いが、『族の系譜学』や『ヤンキー進化論』など、暴走族やヤンキーについての研究書もある。

『メディア論』は三部に分かれていて、それぞれ「メディアの生成」「マス・メディアの世紀」「メディアの現在進行形」とタイトルがついている。各部十冊ずつ、合計三十冊の本が紹介される。

ブックガイドだから教科書的な基本図書ばかり登場するのかと思ったら、そうでもない。古典から最近の若手によるものまでさまざま。また「そうか、これもメディア論なのか」というような本も交じっている。たとえば第一部「メディアの生成」が、ベンヤミンの『複製技術時代の芸術』に始まり、オングの『声の文化と文字の文化』に続くのは順当だが、加藤秀俊の『テレビ時代』も入っている。

社会学界の長老ともいうべき加藤秀俊の『テレビ時代』は一九五八年に書かれた。加藤は一九三〇年生まれだから、この年、二十八歳だ。若い。ついでにいうと、一九五八年はぼくが生まれた年で、加藤はぼくの父と同年の生まれ。そうか、ぼくは父が二十八歳の年（父は八月生まれで、ぼくは五月生まれだから、満年齢では父は二十七歳のとき）に生まれたのか。五八年というとテレビの普及はまだまだ。ぼくの家にテレビが来たのは一九六三年ごろだったと思う。テレビがまだ海のものとも山のものともわからない時期に書かれたテレビ論をブックガイドに入れてしまうのだから「へえ」と感心した。

ついでに、加藤秀俊さんについての思い出をひとつ。加藤さんには取材でお世話になったことがある。あるとき、NHKのラジオ番組で、ぼくが夏目漱石の『坊っちゃん』を紹介した。なぜそんなことになったのかは憶えていないが、一部を朗読した。すると翌日だったか翌々日だったか、加藤さんからお手紙をいただいた。朗読で漢字の読みが間違っていたという指摘だった。「半切」を「はんぎれ」とぼくは読んだ。加藤さんの行動力にたまげた。加藤さんはラジオで偶然、ぼくの朗読を聴き、「半切」を「はんぎれ」と読んだことに気づいた。そしておそらく自前のデータベースのなかからぼくの名刺を探し出し、お手紙をくださった。たしかパソコンで書いて葉書用紙にモスグリーンのインクで出力したものが封筒に入っていた。ぼくは慌ててお礼の手紙を書き、そのころ出たばかりの本を添えて送った。

しかし、話はこれで終わらなかった。追いかけるようにして加藤さんから再度お手紙が届いた。加藤さんはぼくに手紙を書いたあと、漱石全集にあたって「半切」の読みを確認した。すると全集では「はんぎれ」と読みがふってあったというのだ。紙のサイズの名称としては「はんせつ」が正しいが、おそらく「かみっきれ」みたいなニュアンスで漱石は使ったのか。永江の読み方で間違いはなかったよ、という訂正のお手紙だった。加藤さんの「ラジオを聴く」→「そういえば、永江という男には会ったことがある、と思う」→「自分のデータベースで永江のアドレスを探す」→「手紙を書いて出す」→「漱石全集にあたって確認する」→「訂正の手紙を出す」という一連の行動に、ぼくは心底感動した。何てかっこいいんだ。

脱線した。難波功士の『メディア論』には、キャントリルの『火星からの侵入』や萩元晴彦・村木良彦・今野勉の『お前はただの現在にすぎない』や、とりみきの『愛のさかあがり』や井手口彰典『ネットワーク・ミュージッキング』などが取り上げられている。しかも、それぞれの章で、関連するほかの本のタイトルも紹介されている。たとえばベネディクト・アンダーソンの『増補　想像の共同体』は、エピグラフに真鍋昌平の漫画『闇金ウシジマくん』から「他の誰かと／同じ番組を／観てると思うと／安心するンだ」が引用され、参考・関連文献のリストには福間良明『辺境に映る日本　ナショナリティの融解と再構築』や高木博志『近代天皇制と古都』や若林幹夫『増補　地図の想像力』、大澤真幸『ナショナリズムの由来』が並んでいる。たんに三十冊の本の要点をまとめるだけでなく、それぞれの本から違う本が、それも難波功士でなければ思いつかないようなつながりによって紹介される。ああ、ブックガイドの楽しみというのは、こういう、たとえばアマゾンの「よく一緒に購入されている商品」や「この商品を買った人はこんな商品も買っています」では出てこないような本と出会うことなのだと実感する。

本棚を探すと『必読書150』という本が出てきた。著者は柄谷行人や浅田彰、岡崎乾二郎ら。近畿大学にあった国際人文科学研究所の副読本としてつくられたもので、巻頭にある著者たちの座談会が面白くて買ったのだった。教養とか本を読む意味とか大学教育とは何かなどが語られている。肝心の必読書百五十のリストはちゃんと読んだことがなかった。あらためて見てみると、「人文社会科学」「海外文学」「日本文学」の三ジャンルで五十点ずつ、合計百五十点が紹介されている。一点一ページなので、解説は短い。「人文社会科学」はプラトン『饗宴』（浅田彰が解説）に始まり、アリストテレス『詩学』（渡部直己が解説）、アウグスティヌス『告白』（奥泉光が解説）と続く。基本的に学生に向けたブックガイドで（なぜこのブックガイドをつくることになったのか、序文で柄谷行人が書いている）、帯には「これを読まなければサルである。」との惹句《じゃっく》。読んでいない本がけっこうあるので焦る。ヴァレリー『精神の危機』とか、シュミット『政治神学』とか、上田秋成『肝大小心録《たんだいしょうしんろく》』とか。それに、読んだことはあるが、どんな内容だったかまったく憶えていない本もたくさんある。

　この『必読書１５０』には「参考テクスト70」という付録のようなリストが巻末についている。こちらは書名・著者名・出版社名・価格とひとことコメントだけ。このコメントが面白い。ジジェクの『イデオロギーの崇高な対象』に「ラカンをこれだけ面白く、使い勝手がよいものにしたのは功績。ただし、眉に唾して読むこと」とか、大塚久雄『欧州経済史』に「学問やるなら経済史」とか、山口昌男『道化の民俗学』に「『イジメ』を受けた人、必読。君はそのときクラスの英雄でもあった」とか。

古い本だけど、モームの『読書案内』や『世界の十大小説』なんていうのも、ブックガイドのひとつ。これを読まなければいけない本のリストとして読むとしんどいけれど、世界にはこういう本もあるということを忘れないためのリストとして考えれば、本棚の目につくところに置いておくのもいい。

哲学書は51から

本を読んでも理解できないのはつらい。「やっぱりオレは頭が悪いんだなあ」と思い、暗い気持ちになる。なぜ理解できないのか、その理由はいろいろある。使われている言葉の意味がわからない場合は辞書を引く。辞書に載っていないような言葉でも、ネットで調べればたいていは見つかる。しかし、ひとつの文章のなかに、知らない言葉が三つも四つも出てくるときびしい。言葉の意味がわかっても、言葉と言葉のつながりが理解できないこともある。また、言葉の意味もつながりもわかるのに、筆者の言わんとしていることがイメージできないこともある。

読んでもわからない文章は、読み手ではなく、書き手のほうに問題があるのだ、という人もいる。そういうこともあるだろうが、すべてにあてはまるとは思えない。

書き手の側としていうと、複雑で難しい問題について、正確に厳密に書こうとすればするほど、わかりにくい文章になってしまうことがある。できるだけわかりやすく書こうと心がけるのだが、わかりやすさを優先すると正確さが失われてしまうこともある。どんなに難しいことでも、誰にでもわかりやすく平易に書くことは可能なはずだ、というのは思い込みだろう。

一九九五年、「ソーカル事件」が起きた。ニューヨーク大学の物理学教授、アラン・ソーカルが、でたらめな文章で論文をつくって、現代思想系の雑誌に投稿したら採用されたという事件だ。ソーカルがでっちあげた論文は、フランスやアメリカの哲学者・思想家の文章を切り張りしたものだった。ソーカルは哲学者や思想家が物理学や数学の専門用語を、その本来の意味からはずれて比喩的に用いていることを批判しようとして、問題の論文をつくった。あきらかになったのは、専門誌の編集者が、意味がわからない論文を、それが何だか意味あり気に見えるからということで掲載してしまうということ。

この事件は、アメリカやフランスの思想界に大きな衝撃を与えた。意味のないものをありがたがっていたのだから。

もっとも、だからといってぼくは、「哲学者や思想家たちは、自分でも意味がわかっていない言葉をもてあそび、難解をよそおった文章を書いているぞ」と嘲笑する気にならない。哲学者や思想家に限らず、他ジャンルの専門用語を、アナロジーとして用いることはある。ときにそれが誤用となることもある。ぼくらが日ごろ使うような言葉でも、たとえば「命題」とか「必要条件／十分条件」など論理学の用語を間違って使っていることはよくある。さすがに最近は「至上命題という言葉はおかしい」と指摘されるようになった。誤用はまずいと思うけれど、アナロジーとして便利な場合もある。「期待値」「自由度」なんていう言葉は、ぼくもときどき使ってしまう。

もうひとつ、意味は不明でもニュアンスは伝わる、ということがある。詩歌の言葉には多いかもしれない。小説でも、一つひとつの言葉をつきつめて考えていくと、ひと連なりの文章としては矛盾したりずれたりすることがある。でも、その矛盾やずれによって、何かを伝えようとすることもある。

だから、読んだ文章の意味がわからないからといって、書いた人だけの責任にしてしまい、「こんな文章は読む価値がない」と判断するのは早計だ。

若いころ、「こういうことは、若いうちはわからない。大人にならなきゃわからない」といわれるたびに反発していた。いまもその気持ちは半分ぐらい残っている。若い人にわからないものが、大人にわかるわけがない、とも思う。とはいえ、年齢を重ね、経験を積んできたからこそ、わかるものもある。若いころは頭で理解したつもりになっていたことが、実体験として「そうか、こういうことだったのか」と実感する瞬間がある。

ぼくは高校生になるころから哲学書を読むようになって、大学は哲学科に進んだ。学生時代のアルバイトからそのままスライドして洋書の輸入販売会社に就職して間もないころ、職場の先輩が「人生は二十代の読書で決まる」とつぶやくのを聞いて、はっと目覚めた。大学は卒業しても、会社員になっても、自分の勉強は続けようと思った。そのとき始めたのは、高校と大学で読んだサルトルの哲学論文や評論を読み返すことだった。ただしフランス語ではなく日本語訳で。『存在と無』や『弁証法的理性批判』を通勤電車のなかでこつこつと読んでいった。といっても、目標を立てて体系的な読書をするのではなく、そのときどきの興味のおもむくままに。ちょうどそのころ、ニューアカデミズム・ブームが始まった。ぼくが勤務していた西武百貨店池袋店の書籍売場（のちのリブロ池袋店）はブームの発信地のような書店だったから、ぼくが読む本もおのずとフランス現代思想やそれを紹介する日本の研究者のものが多くなった。

二十代のころ、読んでもピンとこなかった文章が、それから三十年経って再読すると、すらすらと読めてしまうことがある。ぼくの頭がよくなったわけではない。三十年の間にいろんな本を読み、経験を重ねたことで、かつて読んでピンとこなかった文章に使われている言葉が、ほかの哲学者の本でどう使われているかなどを知ったことが大きい。本は一冊だけで存在するのではなく、一冊の本の後ろには何百という本があり、それら後ろにある本を読む機会が増えたので、一冊の本がよりわかりやすくなったのだ。哲学書や宗教書は、あるていど人生経験と読書経験を重ねた、中年以降のほうが読むのに向いているのではないかと思う。

とはいえ、難解な本、読んでもわからない本は多い。そのたびに「やっぱりオレは頭が悪い」と思う。

難解な本を読むコツは——といっても、必ずしもわかるとは限らないのだけれど——繰り返し読むことだ。わからなくても最後まで読む。最後まで読めば、全体の構成をつかめる。いちど最後まで読んで、また最初から読み直すと、一回目にはわからなかったことが、今度は少しわかる。もちろんそれでもわからないことは多い。

二度目は鉛筆で傍線を引いたり書き込んだりしながら読む。繰り返し出てくる言葉はキーワードだから、四角く囲う。重要だと思われる段落に付箋を貼ったり、＊印をつけたりする。註を読み、わからない言葉は辞書を引く。三度目は、傍線や書き込み、付箋のあるところを重点的に読む。

メモを取りながら読むと、よりわかりやすい。大学の国語の入試問題は、問題文を要約・圧縮させる設問が多い。出題文の一部について「これはどういうことか、答えよ」と問う。文章の内容を把握して要約する能力を、大学は求めているのだ。「勉強ができる」「頭がいい」というのは、文章を要約してその意図を把握し、それに対応する能力がすぐれているということ。ほんとうは段落ごとに要約したノートをつくりながら読んでいくと、もっといいのだろうけど。

こうして何度も読むうちに、難しかった本もだんだんわかってくる。わからなかったことがわかるというのは快感であり喜びだ。「あ、そんな簡単なことだったのか」と思うこともあれば、「なるほどねえ」と感心することもある。たまに、「なんてくだらないことを主張しているのだ、この著者は」とあきれることもある。

長い小説は、登場人物や地名など固有名詞をメモしながら読んでいくと全体を把握しやすい。登場人物の名前にほかの登場人物との関係や重要なエピソードを書き加えていくと、もっといい。たとえば「恵一郎——真弓の叔父、ベルリンで失踪、ショッカーの手先」なんていうふうに。

読書はスポーツに似ているところがあって、身体が（というか頭がなのだろうけど）そのモードに慣れると、以前は苦手だったものが簡単で楽になることがある。たとえばジャック・デリダの文章にしても、一冊を繰り返し読み、また二冊、三冊と読んでいくうちに、身体のなかにデリダ筋肉みたいなものが形成されていって、あのわかりにくいデリダの文章に慣れてしまう。もっとも、デリダに慣れたからといって、レヴィナスやジジェクの文章にもすぐ慣れるというものでもなく、やっぱりレヴィナスやジジェクを読むときは、一から始めなければならないのだけれども。

二　時間というフィルター

文学全集は意外といける

ぼくが文学全集を「再発見」したのは、わりと最近のことだ。池澤夏樹個人編集の『世界文学全集』（河出書房新社）が出たのがきっかけだった。刊行開始前、パンフレットでそのラインナップを知って小躍りするほど嬉しくなった。何しろ初回配本第一巻は、ジャック・ケルアックの『オン・ザ・ロード』だというのだから。『オン・ザ・ロード』はビートニクスを象徴するノンフィクション的小説だ。ぼくが二十代のはじめに読んだときは『路上』というタイトルだった。

ビートニクスは五十年代アメリカの若者文化で、ロックやドラッグやクルマやファッションなど、その後のアメリカ若者文化ルーツのひとつにもなっていく。『路上』はアレン・ギンズバーグの詩集『吠える』とともに、日本のカルチャー青少年にとって必読書のひとつだった。

それを青山南が新たに翻訳した、というところにもグッときた。ぼくは海外文学を読むとき、翻訳家の名前で選ぶことがあって、青山南もそのひとりだ。翻訳だけでなくエッセイでも青山南の文章が好きだし、知らない作家でも青山南が翻訳しているなら読んでみようという気持ちになる。

『オン・ザ・ロード』では、原文の"yes, yes, yes"が「イーネ、イーネ、イーネ」と訳されている。そう、クレイジーケンバンドの横山剣がよくいうあの言葉だ。ぼくは青山訳『オン・ザ・ロード』にガツンとやられ、すっかり池澤個人編集『世界文学全集』のファンになってしまった。

文学全集を「再発見」したと書いた。それは池澤『世界文学全集』を読むまで、文学全集から遠ざかっていたからだ。子どものころは文学全集が好きだったのに、それどころか文学全集がぼくの読書の始まりだったといってもいいくらいなのに。

小学校低学年のとき、両親にねだって童話全集を買ってもらった。正確なタイトルも出版社の名前も思い出せないけれども、たしか世界の童話が国別に集められていて、全部で十巻か十二巻ぐらいではなかったか。小学校高学年になるころには、学研から出ていた『少年少女世界文学全集』を買ってもらい、『ロビンソン・クルーソー』や『飛ぶ教室』

『宝島』『宇宙戦争』などをこの全集で読んだ。たしかエドガー・アラン・ポーの『黄金虫』もあったはずだ。

中学生になると、父の本棚にあった『世界文学全集』を読むようになった。この全集は高校生になっても読み続け、ドストエフスキーやヘミングウェイ、スタインベックを知った。

ところが大学生になると、文学全集をばかにするようになった。いままでさんざんお世話になっておきながら、後ろ足で砂をかけるような、恩知らずで罰当たりなことだ。

なぜ大学生のぼくは文学全集をばかにしたのだろうか。それは文学全集がアンソロジーだからだ。同じ「全集」でも、個人全集とはそこが違う。文学全集というのは、編集者なり編集委員なりが作品を選んで、全二十四巻とか全五十巻とかという器に収めたもの。まず器ありきなのである。映画業界なんかでいう「尺」に合わせたわけであって、まずそのところが気に入らなかった。内容優先じゃなくて、器ありきなのか、と。

内容のほうも、たいていの文学全集は「誰もが認める名作を集めました」という感じのものが多い。音楽でいうとベスト盤のようなもの。幕の内弁当的というか、お子様ランチ的というか。深みがない。

ぼくはベスト盤も軽蔑していて、オリジナル・アルバム至上主義だった。それも好きな曲にだけ針を落とすような聴き方はいやで、必ず一曲目から順番に聴いていくべきだと信じていた。原理主義的だったのである。それと同じように、「読むなら個人全集で」と思っていた。同じ「全集」でも、個人全集と文学全集はぜんぜん違う。文学全集はアンソロジーだが、個人全集はその作家のすべてを網羅している。専門家は資料に個人全集を使うことがあっても、文学全集を使うことはまずない。個人全集は専門家向けだけど、文学全集は大衆向け素人向けだから、という理由で若いぼくは文学全集をばかにするようになっていたのだ。なんと傲慢不遜だったのだろう。というか、実にもったいないことをしていたと思う。

誰だって好きな作家もいれば、嫌いな作家もいる。いくら文豪といわれようと名作といわれようと、合う、合わないがある。たとえばぼくは、宮沢賢治と太宰治が苦手だ。文学全集は個人の好みに関係なく、いろんな作品をひとつのパッケージにしている。そこが気に入らなかった。ところが池澤夏樹個人編集の『世界文学全集』に出会って、文学全集についての考え方が一八〇度変わった。あの全集は、池澤夏樹という作家による二十世紀の世界文学地図なのだ。全集の編集が池澤夏樹の表現であり、全集そのものに彼の思想があられている。

池澤『世界文学全集』を眺めながら、ハル・ウィルナーがプロデュースしたトリビュート盤を連想した。ハル・ウィルナーは、たとえばニーノ・ロータによるフェリーニの映画音楽のトリビュート・アルバムや、クルト・ワイルのトリビュート・アルバム、そしてセロニアス・モンクのトリビュート・アルバムなどをつくっている。これらは、たんにトリビュートする音楽家の曲を集めただけでなくて、ハル・ウィルナーが自分の好きなジャズやロックのミュージシャンにそれぞれの解釈で演奏させて、一枚のアルバムに編集している。池澤『世界文学全集』はそれと似ている。二十世紀の世界文学を集めるだけでなく、作品によっては新たな翻訳を、それも絶妙と思える翻訳者との組み合わせでおこなっている。

そうか、文学全集って面白いんだ。そう思って、あらためて文学全集を近所の図書館で眺めると、これまでとは違ったものに見えてきた。作家と作品の名前だけは知っているけれども、読んだことのない作品がたくさんある。一見すると全集はどれも似たようでいて、しかしよく見ると、それぞれ編集者の意図や出版社の個性みたいなものがうかがえる。素人向け幕の内弁当なんてばかにして悪かったと反省した。

古本屋では文学全集がびっくりするほど安い。二束三文ならぬ、一セット三千円状態だ。端本なら一冊二百円、三百円だったりする。ハードカバーの立派な函入りが、新刊の文庫版よりも安い。

文学全集や百科事典の古書価格が暴落したのは、整理術や片づけ術の本がベストセラーの常連になるのと相前後してのことだと思う。辰巳渚の『「捨てる!」技術』が刊行されたあたりからだろうか。それまで本棚にありがたく鎮座していた文学全集や百科事典が、邪魔もの扱いされて売り払われ、しかし新たな読み手もおらず、二束三文で売られるに至ったのだろう。家の主の代が変わるなんていうこともあるだろう。ぼくが子どものころ読んだ『世界文学全集』の持ち主、父は一九三〇年生まれで、二〇一三年に八十二歳で他界した。田舎の大きな屋敷なら何代も前の主が集めた本をそのまま保管し続けることもあるだろうが、家族構成の変化によって住み替える人も多いいま、ぼくの父の文学全集のように所有者のいなくなった本はいずれ捨てられる運命にある。

この激安の文学全集、本としてはかなりおトクである。とにかく造本がしっかりしている。函入りで堅牢なハードカバー。たいてい大切に扱われていて、しおりの紐や挟み込まれた月報などの様子から判断して、おそらくいちども読まれていない本も多い。それどころか函から出されたこともないだろうという本も。それが激安だ。もったいない。このことから、一九六〇年代後半から一九七〇年代前半に起きた文学全集ブーム、百科事典ブームは、ほんとうに「読むため」ではなく、たんに「見栄のため」に購入する人が支えていたのだろうと推測できる。出版関係者は「本が売れなくなった」と嘆くけれども、「読むため」に購入する読者はあまり変わらないのではないか。

重くてかさばるという欠点をのぞけば、古い文学全集はいいものだ。中年になって、仕事とも見栄とも関係なく、ひたすら文学の楽しみを味わうために読むのにちょうどいい。休日の昼下がり、リビングの椅子で、組んだ脚の腿に本を載せて、ページをめくっていると、世の中のいやなことも忘れてしまう。

谷崎潤一郎の『細雪』を、「カラー版　日本文学全集」（河出書房新社）で読んだ。明治百年記念出版の全集で、この巻は一九七〇年刊。もちろん函入りで、装幀は亀倉雄策。口絵の谷崎潤一郎像は安田靫彦の絵で、本文中のさし絵は小倉遊亀。どちらもカラー刷だ。巻末の解説は小島信夫。こんなにぜいたくな本が、たしか古本屋で二百円だった。

もちろん新しい文学全集も。池澤夏樹は『世界文学全集』の成功をうけて（何しろ二期二十四巻だけでなく、さらに六巻も延長して、合計三十巻になった)、『日本文学全集』も始めた。こちらの初回配本、第一巻は『古事記』。しかも池澤夏樹の現代語訳だ。『古事記』の現代語訳といえば、福永武彦の名訳がある。そして池澤夏樹の父は福永武彦。親子それぞれの現代語訳を読み比べて、どこが同じでどこが違っているのか、そんなことを味わいながら読むのも楽しい。

少年文庫を読む

岩波少年文庫と出会ったのは、九州の温泉旅館だった。

中年にさしかかるころから、ぼくたち夫婦の旅行のしかたが変わった。基本的に同じホテルや旅館に連泊するようになった。それまでは宿から宿へと移動していた。同じ宿に続けて泊まるよりも、いろいろな宿に泊まったほうが楽しいのではないかと思ったのだ。ひとつの街に二泊以上滞在するときも、毎日、宿を変えていた。交通手段もできるだけクルマを使った。それも東京の自宅からずっと運転していった。わざわざ運転していくそのプロセスが大切だと思ったのだ。二年に一度、北海道旭川の両親の家に行くときも、東京から東北自動車道を北上して青森からフェリーに乗り、函館から旭川まで行った。ヘトヘトになった。松江にもクルマで行った。

四十代になったころから、できるだけ連泊するようになった。旅先での過ごし方、時間の使い方が変わった。それまでの旅は、点と点を結ぶような旅だった。事前に旅程表をつくり、それを忠実に実行するために、何だか時間に追われるような旅だった。若いときはそれはそれで楽しかったし充実感もあった。だが中年になると、ひとつの街、ひとつの宿で、のんびりした時間を過ごすほうが楽しいと感じるようになった。

九州の温泉旅館でもそうだった。二泊したのか、三泊したのか。到着した日と帰る日以外はとくに予定もない。二時間もあればひととおり見て回れるような小さな街だった。宿のなかで過ごす時間が長かった。

ライブラリーが充実した宿で、大人用と子ども用の二つのライブラリーがあった。本はライブラリーで読むだけでなく、部屋に持っていくこともできた。ライブラリーで画集や写真集を眺めるのは楽しい時間だ。

子ども用ライブラリーの棚に、岩波少年文庫が揃っていた。ウェブスターの『あしながおじさん』やミルンの『クマのプーさん』など、なつかしいタイトルが並んでいた。そのなかからぼくが選んだのは福永武彦による『古事記物語』だった。『古事記』を現代語に、それも子ども向けにしたものだ。小学校五、六年生以上を対象に、言葉はやさしく、難しい漢字も使わずに書かれている。読み始めて、たちまち引き込まれた。

ぼくは『古事記』や『日本書紀』に偏見をもっていた。どうせ朝廷が自分たちの権力を正当化させるために創作した神話でしょ、と。古くさくて、退屈で、だいいち物語としてプリミティブだから、とても現代人の観賞にたえるものではないと決めつけていた。ところが福永の『古事記物語』はまるで違っていた。これを機会に、岩波少年文庫をはじめ、子ども向けの叢書をときどき読むようになった。

岩波少年文庫は一九五〇年のクリスマスに創刊された。本の選定や編集の中心になったのは石井桃子。最初に刊行されたのは『宝島』や『あしながおじさん』など五点だった。「少年」文庫というネーミングは、いまだと「少女は?」とつっこみたくなるが、「男の子」という意味ではなく、児童・未成年ぐらいのニュアンスだったのだろう。第一弾には『あしながおじさん』や『ふたりのロッテ』のような、どちらかというと女の子向けのタイトルも含まれている。そもそも「岩波少年少女文庫」では語呂が悪い。巻末のマニフェストは吉野源三郎が書いた。

どうやら当初、岩波書店は恒久的なシリーズにするつもりはなかったようだ。というのも、一九六一年に第一期・第二期の合計百九十三冊を刊行すると、いったん新しいタイトルの刊行をやめてしまう。再開するのは一九七四年だ。いまは年に数点のペースで刊行されている。「文庫」とはいうけれども、判型は文庫本とは違い、高さは一七三ミリで新書と同じ。幅は新書よりも一五ミリ大きい一二〇ミリだ。

たいていの書店では、岩波少年文庫を一般の文庫の売場ではなく、児童書の売場においている。だから見落としてしまうことも多いのだが、注意してみると、なかなかいいタイトルが揃っている。

たとえばヒュー・ロフティングの「ドリトル先生」シリーズ。動物と会話できるというのは、子どもにとってはあこがれの能力だ。そういえばぼくも小学生のころ、獣医になりたいと思ったことがあったが、考えてみればドリトル先生の影響だった。

この「ドリトル先生」シリーズ、翻訳は井伏鱒二なのである。子どものころは、誰が翻訳したかなんて気にしたこともなかった。あの『黒い雨』の、と驚いたけれども、井伏には『山椒魚』という動物小説（？）もある。しかも彼は于武陵《うぶりょう》の漢詩を「『サヨナラ』ダケガ人生ダ」と訳した素晴らしいセンスの持ち主だ。

ぼくが子どものころ読んだ『ドリトル先生航海記』が誰の翻訳だったのか覚えていない。もしかしたら前田三恵子の訳だったかもしれない。いま井伏訳でこの本を読むと、たしかに日本語がいささか古めかしい。「まえがき」ならぬ「はじめのことば」は、物語の語り手、スタビンズ元少年によるものという体裁をとっているのだが、「もうせん私の書いた『ドリトル先生アフリカゆき』の物語は、ずっと前に先生を知っていた人たちから、そのころのいろいろなできごとを、あとになって、私がきいて書いたお話です」と始まる。「もうせん」なんて言葉、初老のぼくだってほとんど聞いたことがない。『広辞苑』には「(いまとなってはもう前のこと、の意) ずっと前」とある。こういう古いところはあるけれども、全体として味わい深い文章だ。カバーをはじめ、ところどころに配置されたロフティング自身による挿絵もいい。Tシャツにプリントしたら売れるんじゃないかな。

でも、本によっては新訳に替えているものもある。『点子ちゃんとアントン』をはじめエーリヒ・ケストナーの作品は、以前は高橋健二や小松太郎の訳だったけれども、いまは池田香代子の訳になっている。

井伏鱒二の「ドリトル先生」シリーズ以外にも、意外な人が意外な作品の翻訳を手がけている。『ファーブルの昆虫記　上下』は詩人の大岡信の編訳。スウィフトの『ガリヴァー旅行記』は中野好夫。ラムの『シェイクスピア物語』(シェイクスピアの戯曲を小説風にアレンジしたもの) は矢川澄子。子ども向けにつくられているからといって、子どもだけに独占させておくのはもったいない。

自伝的小説『ぼんぼん』が岩波少年文庫に入ったとき、今江祥智《よしとも》は「これでわしも終わりゆうことかいな」と笑っていた。むかし『寒村自伝』が岩波文庫になったとき、荒畑寒村がたいそう喜んだという話を思い出した。作家にとって岩波の叢書に収録されるのは嬉しいことなのだろう。

岩波少年文庫以外にも子ども向けのペーパーバック・シリーズはいろいろ出ている。講談社の青い鳥文庫、児童書出版社四社協同のフォア文庫のほか、ポプラポケット文庫、角川つばさ文庫、集英社みらい文庫などなど。ただ岩波以外はライトノベル的なものが大量に入っていて、そのなかから大人でも読めるものを探すのはひと苦労だ。岩波なら安心して読める。

絵本に涙する

ときどき絵本を読む。絵本のいいところは、絵がきれいで、文章が少ないことだ。しかも平易な言葉で書かれている。難しい漢字も使われていない。

文章が少ないので、そのぶん、いろいろと自分で想像したり考えたりする。作者が何から何まで説明する大人向けの読み物よりも、そうした言葉の空白みたいなものが多い子ども向けの本のほうが、イマジネーションが広がる。幼いころに読んだ絵本が忘れられないのは、たんに幼くて未熟だったからとか、ほかにもっと魅力的なものがなかったからとかではなくて、この「あまりにもシンプルなので、読む側があれこれ補って読んでいかなければならない」という特性によるのではないだろうか。

成長するにつれて、長い文章も読めるようになり、語彙《ごい》が増え、漢字も読めるようになると、多くの人はしだいに絵本から遠ざかっていく。絵本ではない、少年少女向けの物語を読むようになる。「絵本なんて幼稚さ」とばかにしたようにいう。つい去年までは夢中になっていたのに。ぼくの本棚にあった絵本は、年下のいとこたちにあげてしまった。やがて、挿絵もない文字だけの本を読むようになると、絵本というジャンルがあったことさえ忘れた。

ぼくがふたたび絵本を読むようになるきっかけは、秋野不矩《ふく》の『きんいろのしか』（福音館書店）だった。

藤森照信さんが設計した秋野不矩美術館を見るために、浜松市の天竜までクルマで出かけた。それまで秋野不矩の絵にはそれほど興味がなかった。でも、藤森さんが設計した美術館はぜひ見てみたいと思った。行ってよかった。美術館もよかったし、秋野不矩の絵も素晴らしかった。それまでの、ちょっと日本画をばかにしていた気持ちが吹き飛んだ。日本画にも素晴らしい可能性がある。

そのとき、たしか二階の企画展示室だったと思うけれど、絵本『きんいろのしか』の原画が展示されていた。バングラデシュの昔話を石井桃子が再話し、秋野不矩が絵を描いたのだった。

むかしむかし、黄金が好きな王様がいた。狩りの途中で金の鹿を見つけ、生け捕りにしようとした。正直で心優しい少年が、鹿を逃してやった。すると王様の家来は少年を捕らえ、金の鹿を見つけて差し出さないと殺すと脅した。途方に暮れた少年は、森に入って動物たちに相談した。少年は動物たちの協力で金の鹿に再会する。少年の話を聞いた金の鹿は、王宮にやってくる。大喜びする王様の前で鹿が飛び跳ねると、砂金がザクザクとわき出す。もっと出せと大喜びする王様。やがて王様も家来も大量の砂金に埋もれて見えなくなってしまう。こんなストーリーだ。ギリシア神話のミダス王を連想する。

他愛もない話なのだが、秋野不矩の絵は見事で、ことに動物たちの姿が生き生きとしている。

東京に戻って『きんいろのしか』を探したけれども、すでに品切れとなって久しかった。重版も未定。残念に思っていると、バングラデシュと日本との国交樹立三十周年記念とかで、特別に限定復刊されることがわかった。当時、自由が丘にあった青山ブックセンターに注文して入手した。何度読んでも飽きない。

以来、ときどき絵本を買うようになった。子どものころに好きだった絵本や、欲しかったけど持っていなかった絵本、そして子どものころは出ていなかったような絵本など。子どものころ好きだった絵本としては、たとえばバージニア・リー・バートンの『ちいさいおうち』（岩波書店）。なかがわりえことおおむらゆりこの『ぐりとぐら』（福音館書店）。岩波書店版が絶版になり、瑞雲舎から復刻された『ちびくろ・さんぼ』など。

なつかしい絵本はタイムマシンのようで、ページをめくっていると、半世紀以上前に戻ることができる。というよりも、現在の自分のなかにある半世紀以上前の自分が、絵本をめぐることで目を覚ます。

驚くのは値段だ。たとえば『ちいさいおうち』（岩波の子どもの本）は、ハードカバーなのに六百四十円、『ぐりとぐら』も八百円。美術書は高価なものが多いが、絵本になるとこんなに安い。

子どもも読めるけれど、内容的には大人にすすめたい絵本もたくさんある。いせひでこの『ルリユールおじさん』（講談社）は、大切にしていた植物図鑑が壊れてしまって、ルリユール職人に修理してもらうという話。パリが舞台で主人公は少女。主人公は植物学者になる。ルリユールというのは製本工芸のことだ。フランスでは本を半完成品のままで買い（いわゆるフランス装）、読み終えるとルリユール職人に装幀してもらうという文化がある。よく映画で貴族や大金持ちの書斎に同じ装幀の革張りの本がずらりと並んでいるのが映り込んだりするが、あれは文学全集や百科事典ではなくて、ルリユールに出したもの。

家紋などを入れる。『ルリユールおじさん』はルリユールの工程が詳しく正確に描かれている。いせさんはパリ滞在時、ルリユール職人の工房に通ってスケッチしたそうだ。ぼくはこの絵本を、大学の授業で使った。

佐野洋子の『100万回生きたねこ』が好きだという人は多いだろう。何度も死んでは生き返り、さまざまな経験をしてきたのが自慢の猫が、ほんとうに愛する相手に出会い、家庭をつくる。やがて老いて妻が死んでしまうと、猫は初めて泣き続け、そして死に、二度と生き返らなかった、という話。ぼくはこの絵本を電子書籍で買い、ときどきiPhoneやiPadで読んでいる。

TBSの敏腕記者だった安永則子さんがひとりで始めた「小さい書房」は、大人のための絵本を中心に出版している。『二番目の悪者』は文章が林木林《はやしきりん》、絵が庄野ナホコ。悪意あるデマによって独裁者が権力を握り、人びと（動物たちだけど）を不幸にする話。ポイントは、悪いのは独裁者か、それとも無責任にデマを広める大衆かを問うところだ。在京キー局で長く報道に携わってきた安永さんがこの本を出した意味を考えてしまう。

絵本のいいところは、何度も繰り返し読めることだ。「繰り返し読みたい本」というのはひとつの決まり文句だけれども、ほんとうに繰り返して読む本は少ない。本棚にはいつか読み返したい本が並んでいる。でも、そのなかで本当に読み返した本は何冊あるか。ぼくは年末になるとディケンズの『クリスマス・キャロル』と樋口一葉の『大つごもり』を読むようにしているけれど、こんな短いものでも毎年とはいかない。いまだ読んでいない本を優先してしまう。しかし絵本は（写真集や画集を加えてもいい）、何度も読み返せる。すでに知っている話を読むのは、まだ知らない話を読むのとは別種の快感がある。そして、読むたびに新しい発見がある。

かつて買えなかった写真集

二十代のころ、ぼくは洋書店に勤めていた。現代美術に関する本を得意とする会社で、ぼくは写真集を担当していた。毎日、たくさんの写真集を見ていた。もともと写真が好きだったから、楽しい仕事だった。

あのとき買っておけばよかったと思う写真集がたくさんある。写真集は発行部数が少なく、重版されることもめったにない。だから見つけたときに買っておかないと、二度と入手できなくなることも多い。神田神保町の古本屋を回っても、アマゾンで検索しても、見つからないものは見つからない。

洋書店に勤めていながら、欲しい本を買い逃してしまうのには理由がある。毎日、商品としてその本を扱っていると、いつでも買えるような気分になる。頭では、いま買っておかないと入手できなくなる、海外の出版元にオーダーしても品切重版未定といわれるかもしれない、これが最後の入荷かもしれない、とわかっている。だけど、まだ大丈夫、という気持ちもある。お金に余裕がなかったこともあり、ついつい買い逃した。

お客さんの注文を優先させたこともある。ぼくが勤めていた洋書店には、倉庫に取り置きの棚があった。洋書の画集や写真集は高価なものが多いから、お客さんに取り置きを頼まれることは珍しくない。それも一週間や二週間ではなくて、何カ月も取り置きしていることがあった。ボーナスが出たら買うとか、お金が貯まったら買うということだったのだろう。一九八〇年代はカードでの買い物がいまほど一般的でなかった。

取り置きの棚には、お客さんの本だけでなく、ぼくたち従業員の本もあった。みんな美術や写真が好きで働いていたから、つい取り置きする本が増えていった。

お客さんから「〇〇という本はありませんか」と訊《き》かれることがよくあった。その本が取り置き棚にある自分の本だった場合は困った。正確にいうと、まだお金を払っていないから自分の本ではない。お客さんを優先すべきか。しかし、これをお客さんに渡してしまうと、二度と手に入らないかもしれない。そして、迷ったあげくたいていお客さんに譲っているのだ。

そういえば先輩社員のなかには、お客さんに訊かれた本を、わざわざ神田神保町の古書店で探して買ってきた人もいた。頼まれてもいないのに。そのお客さんが来店したとき、その本を出して見せた。「神保町で見つけました」といって。するとお客さんは、「ああ、よかったね」といっただけだった。先輩は自分ではさほど欲しいわけではない本を所有することになった。

フランスの写真家、ジャック＝アンリ・ラルティーグは偉大なアマチュア写真家といわれる。お金持ちの家に生まれ、八歳のころから写真を撮っていた。一八九四年生まれだから、彼が写真を撮り始めたのは二十世紀のはじめだ。戦前の日本では「ライカ一台、家一軒」なんていわれていた。ラルティーグの写真は、好きなもの、面白いと思ったものを撮るという、原初の写真のよさがある。被写体も上流階級の人びと。ごく自然な態度で写っている。そのラルティーグが晩年に出した写真集に『Les Femmes aux Cigarettes』があった。たばこを吸う女たちのポートレート集である。小さなかわいらしい本だった。

アンドレ・ケルテスの『ON READING』は、本を読む人たちを撮った写真集。わりと最近、『読む時間』というタイトルで日本版が出たけれど、最初に見た、ペーパーバック版の手触りが忘れられない。ブラッサイやカルチェ＝ブレッソンの写真集も、買っておくのだったとよく思う。

アーヴィング・ペンの『FLOWERS』は文字どおり花の写真集だ。ペンはニューヨーク近代美術館での大回顧展のカタログを持っているので、『FLOWERS』は買わなかった。でも書物としてのまとまりで見ると、やはり『FLOWERS』は完成されている。たんに写真を集めた本ではなくて、これ一冊がオブジェであり作品なのだ。やはりペンの写真集で『Worlds in a Small Room』も買い逃して後悔している本。これはテントを移動式のスタジオにして（つまりスモールルーム）、世界中のさまざまな民族を同じ構図で撮った写真集だ。同じ構図、同じ条件にすることで、それぞれの個性が際立って見える。

そのほか、ウォーカー・エヴァンズが地下鉄のなかで向かいの座席の乗客を隠し撮りした写真集とか（いまなら盗撮でつかまる）、リー・フリードランダーの花の写真集とか。思い出すと欲しくなる本がたくさんある。

いまでも後悔するのは、ダイアン・アーバスのポートフォリオだ。閉じられた本ではなくて、一枚一枚の写真が箱に入っていた。大判で、たしか二十数枚入っていたと思う。古本屋でも見たことがない。

かつて買えなかった本を、中年になって買うことがときどきある。アウグスト・ザンダーの『20世紀の人間たち』はのちにリブロポートから出た日本語版を買った。メンズ・ファッションのアイデアソースにもなった本で、なかの一枚はリチャード・パワーズの小説『舞踏会へ向かう三人の農夫』にインスピレーションを与えた。

石元泰博の『桂離宮』はいくつものバージョンがあるが、一九八三年に岩波書店から出た、磯崎新のテキストがついたものが欲しかった。神田神保町の魚山堂で買った。その後、本物の桂離宮を見学する機会があった（ここは事前に往復はがきで申し込まなければならない）。建物の内部が見られなかったせいもあるが、石元の写真のほうが実際の建物よりいいと思った。

ホンマタカシの『東京郊外　TOKYO SUBURBIA』は、ぼくが洋書店を辞めてから出版された本。出版元の光琳社出版が、この写真集の刊行後一年ぐらいで倒産してしまい、買いそびれてしまった。「郊外」がいろんな方面でキーワードとして語られる、ひとつのきっかけになった写真集だと思う。松浦弥太郎さんがやっている中目黒の古書店、COWBOOKSで見つけて購入した。けっこう高かった気がするけれども、いまはもっと値上がりしている。以前、ホンマさんに復刻する予定はないのかとたずねたら、「当分は出さないんだ」といっていた。光琳社出版とか京都書院とか、昔は手頃な値段の写真集や画集を出している出版社がけっこうあった。

かつて買えなかった写真集で、タイトルを憶えているものはネットで検索して見つかることがある。でも正確なタイトルを思い出せないもの、それもあまり有名でない本は、見つけるのが難しい。たぶんゲイリー・ウィノグランドだと思うのだけれども、日本語にすると「私は金のために働く」というような意味の表題の写真集があった。これがいくら探しても見つからない。タイトルも写真家も間違えて憶えているのかもしれない。ネットがあれば何でも検索できるかというと、そんなことはない。検索する適切なキーワードが思いつかなければ探せない。

漫画を大人買いする

子どものころは、欲しくて欲しくてたまらないのに手に入らないものがたくさんあった。万年筆、天体望遠鏡、スポーツカーのプラモデル。大人になると、かつてそんなものが欲しかったことなんてすっかり忘れている。ところが何かの拍子に思い出す。そして大人になってあらためて考えると、あんなに遠くにあるように思えたものが意外と近いところにある。手を伸ばせば届くほどの距離に。

たとえば万年筆。子どものころ、父が万年筆で手紙を書いている姿を見て、かっこいいなと思った。軸を回すとゴムの袋のようなものが出てきて、それを押してインクを補充するしくみだった。父の万年筆がどこのメーカーのものだったかは知らない。たぶんセーラーかプラチナか、国産のものだったのだろう。小学校の若い教員の給料は安く、母は専業主婦で、子どももぼくと妹がいたから、高価なものは買えなかったはずだ。

会社を辞めてフリーライターになったとき、ぼくが最初に買ったのが万年筆だった。モンブランのマイスターシュテュック。フリーランスで食べていけるかどうかわからないときに、ずいぶん思い切った買い物をしたものだ。すでに原稿はワープロ専用機で書いていたから、仕事で使うわけではない。だが、何となく書いて食べていくことの決意のために買った。迷っていると、妻が「いま買っておきなさいよ」と背中を押してくれた。父は教員を退職したあとデパートで筆耕のアルバイトをするほど字がうまかったが、ぼくはひどい悪筆だ。それでも取材先への礼状などは万年筆で書く。

小学三年生のとき、天体望遠鏡を持っている中学生が近所に住んでいた。そのお兄さんが、満月の夜、天体観測をするというので見せてもらった。月のクレーターがくっきりとよく見えた。天体望遠鏡が欲しくてたまらなかったが、親には言い出せなかった。

大人になって買ったのは天体望遠鏡ではなく、少し口径が大きな双眼鏡だった。東京の住まいの窓からは空がよく見える。満月の夜など最高だ。夜空を眺めなくなり、天文関係の入門書をいくつか読むと、初心者には天体望遠鏡よりも双眼鏡のほうが向いているとわかった。それで双眼鏡を購入した。双眼鏡で夜空を眺めると、肉眼では見えなかった星もよくわかる。空は星でいっぱいだ。

プラモデルや鉄道模型にはいまのところ手を出していない。でも「いつかは……」という気持ちがある。

子どものころなかなか買えなかったものに漫画がある。漫画は巻数が多いので、子どもの小遣いで全巻揃えるのは難しい。かといって毎月一巻ずつ読んでいくのもいやだった。それと、根っからのけちん坊なのだろう。一巻を三十分かそこらで読み終えてしまう漫画を買うのは「もったいない」という気持ちもあった。漫画を全巻揃えて読むのは、とてつもない贅沢に思えた。

大人になって白土三平の『カムイ伝』や浦沢直樹の『MONSTER』などいくつかの漫画を全巻まとめて買って読んだ。まとめて買っても、それほどたいした金額ではない。酒が好きな人なら、居酒屋で飲むのを二回ぐらい我慢すれば買えるほどの値段だ。そう、大人になって金銭感覚が変わる理由のひとつは、この酒代があるかもしれない。飲酒という刹那的な快楽のためにぼくらはお金を払う。その酒代で本が何冊買えることか。ちょっと飲むのを我慢すれば、漫画の大人買いなんて簡単なことだ。

大人が漫画を読むには全巻まとめてがいい。いまの漫画は巻数が多いから、一巻ずつ買って読んでいると、ときどき自分は何巻まで読み終えたのかわからなくなってくる。新刊が出るたびに買えばいいのだが、うっかり買い忘れてしばらく時間が経つと、何巻まで持っているのか記憶があやふやになる。しかも最近の書店はシュリンクパックしているので、本の中身を確かめられない。店員にパックをあけてもらえばいいのだけど、つい気後れしてしまう。だから連載が終わるまで漫画は買わない。

それと、全巻揃いで買ってしまえば、一巻を読み終えても、すぐ次の巻を読むことができる。一巻ずつ買っていると、「いいところなのに」というところでその巻が終わり、次の巻を書店まで買いに行かなければならなかったりする。それが夜中だと、朝になって書店が開くまで悶々として待たなければいけない。

「漫画全巻ドットコム」なんていう通販サイトもある。第一巻から最終巻まで全巻をまとめ買いできるネット通販だ。それだけまとめ買いをする人が多いのだろう。

電子書籍は漫画の大人買いに向いている。大人になって、漫画を全巻一気に買えるくらいの経済的な余裕はできたとしても、それを家まで運んだりする体力や、それを並べておくだけの本棚の収容力、住まいのスペースというものがなくなっている。運ぶ体力は宅配便などを使うとしても（最近は一定金額以上購入すると無料で配達してくれる書店が増えた。だいたい五千円以上で、というところが多い）、スペースの問題はなかなか解決できない。漫画って、何でこんなに場所をとるんだろう。

文庫版の漫画にはこれまでずいぶんお世話になってきたけれど、中高年になるとつらい。字が小さすぎる。文芸書では中高年向けに、字を大きく、行間もあけた文庫が出ているのだから、漫画文庫も字を大きくしてほしい。

電子書籍であれば重さの問題もスペースの問題も解決できる。ただし、質感みたいなものは、紙のほうがすぐれている。小説を読んでいるときは、紙であろうと電子であろうと、ほとんど気にならないのに、なぜか漫画を読むと、紙と電子では印象が違う。たぶん紙の漫画には、ページをめくる動作とか、ページをめくるごとに場面が変わる展開とか、さまざまな要素があるからだろう。人は漫画を読んでいるのではなく、漫画を読むという行為をしている、あるいは体験をしていると言い換えてもいいかもしれない。しかし、その体験の部分を差し引いても、電子書籍のメリットは大きい。

大人買いとはちょっと違うけれど、かつて買えなかった全集や大辞典をときどき古書で買う。『九鬼周造全集』や諸橋轍次《もろはしてつじ》『大漢和辞典』、『寿岳文章・しづ著作集』などだ。全集や辞典は古本屋で激安で売っている。スペースと重量という問題はあるけれども、まとめ買いしたときの爽快感は素晴らしい。

忘れてしまうこともフィルター

ブックオフを覗くと、一昔前のベストセラーが税抜き価格一冊百円でたくさん積まれている。買った人がたくさんいるので、売る人もたくさんいるのだ。しかし流行が過ぎてしまったいまは、誰も買おうとしない。たぶん普通の街の古本屋では買い値がつかないだろう。図書館では、ブームのころ借りるのに何百人も待っていたような本が、ヨレヨレになって棚にたたずんでいる。諸行無常を感じる。

ベストセラーはブームが終わってからブックオフで買って読むのがちょうどいい。ほんとうに価値ある内容であれば、一冊百円でも十分に得るところがあるだろう。つまらない本なら、なぜあのときみんなこれに熱狂したのか考える楽しみがある。

ベストセラーのなかには、その後も長く読み継がれているものもあれば、いつのまにか忘れられてしまうものもある。文芸書はわりと生存率が高いように思う。たとえば『ノルウェイの森』はじめ村上春樹の小説は、文庫になってロングセラーとなっている。それは作品がすぐれているからでもあるけれど、村上春樹がいまも現役であり、新作をコンスタントに書き続けているからだろう。新しい読者が常に生まれている。

一つひとつの本というよりも、あるジャンルのものがブームになったこともある。二〇〇七年ごろ話題になったケータイ小説がそうだった。『恋空』(美嘉)とか『赤い糸』(メイ)とか。いま思うと、あれは何だったのか。美嘉やメイという作家はいまどうしているのだろう。そもそも実在したのか。ケータイはその後「ガラケー」などという自虐的呼称がすっかり定着し(「フューチャーホン」というのは定着しなかった)、ケータイ小説(の書籍化)もいつのまにか見かけなくなった。ケータイ小説の読者はどこへいったのだろう。

忘れ去られてしまうベストセラーは実用書に多い。ダイエットなど健康法についての本、整理・片づけについての本、英会話の入門書など。ダイエットは「これなら絶対にやせられる」「挫折せずに長続きする」という方法が定期的に考案される。そのなかで、比較的簡単にできそうで、「これは!」と思わせるところがあるものがヒットする。しかし、実際に効果を上げられる人は少なく、持続できる人はもっと少ない。だからブームが終わると見向きもされなくなる。文庫になることもめったにない。やせたいと思う人は、また新たなダイエット法が考案されると、「こんどこそ」と飛びつく。懲りない人びとだ。これはぼくの想像だが、ダイエット本や英会話入門書というのは、同じ人が繰り返し買っているのではないだろうか。

エッセイや自己啓発書のたぐいも同様。ケータイ小説がブームになったころのベストセラーに『国家の品格』(藤原正彦)や『女性の品格』(坂東眞理子)などがあったが、いま読んでいる人は見かけない。ブームだから売れたのであって、この本がいま出版されたとしてもヒットはしないだろう。時間というフィルターを通すと、その本の価値が見えてくる。

時間というフィルターは、自分のなかにもある。加齢はフィルターだ。

青春小説というジャンルはあるが、老人小説とか老境小説というジャンルはない。あったとしても超マイナーというか、きわめてニッチなものである。これから高齢者がますます増えても、たぶんマイナーでニッチなままだと思う。青春時代は誰にでもあり、老人はかつての青年だった。老人も心のなかに青年をもっている。だから老人にとっても青春小説は自分の物語として読むことができる。青春小説の読者は十代から百歳まで幅広い。一方、老人の感覚は老人になってみないとわからない。老境小説は中高年以外はあまり読みそうにない。もちろん老境小説を読む高校生もいるだろうが、青春小説を読む老人ほど多いとは思えない。

しかし、十五歳が読む青春小説と、五十一歳が読む青春小説は同じだろうか。違うだろう。五十一歳の読書には五十一年の人生がフィルターの役割を果たす。五十一年の人生経験を通じて本を読むことになる。

忘れてしまうこともフィルターだ。

ときどき若いころに読んだ本を読み返す。いちど読んだはずなのに、「こんな内容だったっけ?」と驚く。前に読んだことを忘れているのだ。忘れてしまうことについて、ついネガティブにとらえてしまうが、けっこういいことなんじゃないかと思う。忘れてしまったので、二度目に読むのに、初めて読むように新鮮な感動がある。忘れることはありがたい。赤瀬川原平さんがいった「老人力」にならって、「忘却力」と名づけたくなるほどだ。マイナスの記憶力である。

もしも人間に忘却力がなく、読んだことをすべて覚えていたらどうなるだろう。頭がパンクしてしまうのではないか。映画『レインマン』のモデルになった人はサヴァン症で、九千冊の本の内容を覚えていたというが、日常生活はいろいろ苦労したようだ。絶対音感はけっこうつらい、という話と似ている。音を聞いただけで、その高さが判別できたらいいなあと思うけれども、実際は日常のすべての音が意味ある音に聞こえてしまって大変疲れるのだという。たしかに洗濯機が回る音や掃除機を使う音、クルマのクラクションまで楽音に聞こえたら大変だろう。それと同じで、読んだ本をすべて細かく覚えていたら、書店や図書館に行くたび、記憶の洪水に押し流されるような気分になるかもしれない。忘れてよかった。

若いころ読んだ本を読み返して、かつて読んだ内容を忘れていたわけじゃないけれど、以前とは違う感想を抱くこともある。読んでいるぼくの価値観が変わったということもあるし、世の中の価値観が変わることもある。また、作者のイメージが変わることも。十五歳のころに読んだときは涙を流さんばかりに感動したのに、五十一歳になって読んでみたら「何だよ、これ。お涙ちょうだいの安っぽい話だなあ」とがっかりすることもある。十五歳の目には純金に見えても、五十一歳の目では金メッキどころかアルミに黄色いフィルムをかぶせただけ、なんていうことも。純金に見えたのは、たんにものを知らなかったからだ。

時代は変わる。ぼくが十五歳のときは一九七三年だった。あれから四十年の間に大きく変わったものに、たとえば田中角栄についての変化がある。田中角栄が総理大臣になったとき、学歴も血統もない何もない男が、ゼロから叩き上げて権力の頂点に上りついたと、世間は熱狂した。学研だったか旺文社だったかの中学生向け雑誌まで、「コンピューター付きブルドーザー」などという田中角栄のあだなを用いて、彼を讃えた。それがロッキード事件で一八〇度変わる。金権政治と汚職の代名詞のようにいわれ、田中角栄は徹底して叩かれる。ところがそれから二十年、三十年すると、田中の評価は多様化する。田中は戦後の対米従属から逃れようとした政治家だった、彼が失脚したのはアメリカの頭越しに中国と国交を結んだためで、裏でCIAはじめアメリカの諜報機関が動いたからだという説が語られたり、いややっぱり古い土建屋政治家でしかなかったのだといわれたり。

あるいは、ぼくが高校から大学のころ傾倒したサルトルなどは、もっと毀誉褒貶《きよほうへん》が激しいかもしれない。高校生のころはまだ実存主義の影響が強く残っていたけれども、やがてレヴィ＝ストロースやバルトの構造主義が紹介されると、サルトルなんて時代遅れだという雰囲気になった。しかしその構造主義も後期のフーコーやドゥルーズ、デリダなどが紹介されると、こんどはポスト構造主義だとなった。流行が一巡すると、たしかに往時のような熱狂ではないけれども、戦後思想史の一コマとしての実存主義と、サルトルが果たした役割は冷静に評価されるようになった。つまり、同じサルトルのテキストを読むにしても、一九七〇年と八〇年、九〇年、そして二十一世紀になってからでは、印象も違うし付随する情報も違う。十五歳で読んだサルトルと、五十一歳で何度目かに読むサルトルとではまるで違う。

また、読み返す本には、その本とともにさまざまな思い出がつきまとう。たしか鷲田清一さんとの対談本『哲学個人授業』のなかでも書いたと思うけれど、大学の一年生のとき、いつも近くの席になる同級生と、サルトルの「あるものとしてでなく、あらぬものとしてある」という実存の定義について、ちょっとした言い争いになったことがある。彼は「そんなのは哲学ではなく、言葉の遊びにすぎない」といったが、ぼくは納得しなかった。それから少しして、彼が自宅アパートで縊死《いし》したことを知った。神楽坂の居酒屋にクラスメートが集まり、ささやかな追悼の宴を開いたが、ぼくは彼との議論が中途半端に終わったままで、とても後味が悪かった。いまもサルトルを読み返すとき、彼の顔が浮かぶ。本が本だけでなく、その本にまつわるさまざまなものを引きずり、それもまた時間のフィルターとなって、人生の折り返し点を過ぎてからの読書を豊かなものにする。

山川の教科書とちくま評論選

仕事机の前にある本棚のすぐ手に届くところには、いま仕事で使っている本と辞書類が並んでいる。そのなかに山川出版社の『詳説世界史』と『詳説日本史』がある。高校の教科書だ。教科でいうと世界史Bと日本史Bである。ぼくが高校生のころ、使っていた教科書ではない。ぼくが通っていた高校では、たしか三省堂のものを使っていた。

この山川の世界史と日本史の教科書は、わりと最近買ったものだ。奥付を見ると二〇一二年になっている。新宿の紀伊國屋書店本店で歴史の本を眺めていたら、これが積まれていた。教科書を生徒以外の一般向けに常時置いている書店はめったにない。どれどれ、最近の高校生はどんな教科書で勉強しているのかな、という気分で手に取り、ぱらぱらとめくってみた。驚いた。まずカラフルであること。口絵だけでなく、本文ページもすべてカラーだ。ほぼ全ページにイラストや写真、図表が入っている。文章も読みやすい。ちょっと難しい漢字にはルビがついている。ぼくが使っていた教科書にルビはあっただろうか。表紙はコーティングされていて、たとえば飲み物をこぼしたりしても、拭けば汚れが落ちるようになっている。索引も含めて、世界史日本史ともに四百ページちょっと。これで値段はどちらも九百円以下だ。新書一冊ぶんの値段でこんなに充実した本があるなんて。

講談社学術文庫の『日本の歴史』全二十六冊と中公文庫の『世界の歴史』全三十巻を年間読書テーマにして読んだことがある。読んでいる間は楽しかったし、大いに勉強になった。しかし、ふだん新聞や雑誌を読んでいて、ふと「これ何だっけ」と思って調べるには、ちょっと詳しすぎる。たとえば「ウェストファリア条約って何だっけ」なんて。『詳説世界史』の索引からウェストファリア条約が載っているページを探すと、ヨーロッパの三十年戦争終結の条約であることがわかる。一六四八年。これによって「ヨーロッパの主権国家体制は確立された」とある。三十年戦争はキリスト教の旧教（カトリック）対新教の戦いであり、旧教を強制しようとするハプスブルク家とフランスとの戦いでもあり、ヨーロッパのさまざまな国がどちらかの陣営について戦った。また、三十年戦争が起きる前のヨーロッパでは十六世紀の経済成長が終わり、凶作や不況や人口の停滞などもあって、政治的にも経済的にも社会的にも危機状態だった。つまり現代はこの危機と長い戦争と主権国家の確立から始まる。

じゃあ、同じころの日本はどうだったのか。こんどは『詳説日本史』を読んでみる。大坂冬の陣・夏の陣が一六一四年から翌一五年にかけて。将軍職を息子の秀忠に譲って大御所として実権を握っていた徳川家康が没するのが一六一六年。三代将軍、徳川家光が没するのは一六五一年。ヨーロッパが三十年戦争をしているころ、日本は徳川幕府がその体制をしっかり固める時期だった。

高校の教科書を見ていて、若いころにもっとしっかり勉強しておくんだった、と思わなくもない。でも、勉強していたらどうだったろう。たぶん違う大学に進み、違う人と出会い、違う人生を歩んでいただろう。それがいい人生だとは限らない。ぼくはいまの生活に十分満足していて、だからその意味ではあまり勉強しなくてよかったのだ。

教科書の後ろのほうには年表がある。これをときどき眺めると、感慨深いものがある。世界史の教科書にある年表は、横軸が、十五世紀までは「ギリシア・ローマ、ヨーロッパ」「オリエント・西アジア」「インド・東南アジア」「北・東アジア」「日本」に、十六世紀以降は「南・北アメリカ」「ヨーロッパ」「西・南・東南アジア」「北・東アジア」「日本」になっていて、世界を同時に見渡すことができる。

世界史の教科書の見返しには世界地図が載っている。シリアの難民とトルコ、ギリシア、EUの問題は、新聞の文章だけ読んでいたのではピンとこないが、この地図で地理的関係を把握すると納得できる。経済とか国際政治とかというのは、地理的条件と無縁ではない。地政学なんてとっくに流行遅れになったと思っていたけど、そうではないのだ。山川の教科書とは別に、吉川弘文館の『世界史年表・地図』と『日本史年表・地図』も、いつも手が届くところに置いてある。こちらはもっと詳しい。

筑摩書房から『ちくま評論選』という本が出ている。副題は「高校生のための現代思想エッセンス」。評論のアンソロジーで、高校生向けの参考書である。国語の大学入試問題は、ほとんど評論文から出題され、小説から出題されることはめったにない。たぶん「この文章の著者の意図は何か」とか「主人公はなぜこう考えたのか」などと問われても、文章を書いた小説家にだって答えられないことが多いからだろう。小説は理詰めでつくられるわけではない。それに対して評論文は正誤を問いやすい。『ちくま評論選』は受験参考書としての意味合いが強いのだけれども、読み物としてもたいへん面白い。

　構成は「私の地平線」とか「言語と経験」とか「明日の世界へ」なんていう章立てになっている。しかも「私の地平線」はさらに「私のいる場所」「世界の相貌」に分類され、たとえば「私のいる場所」には斎藤環《たまき》の「『キャラ』化する若者たち」が、「世界の相貌」には斎藤美奈子の「アニメのヒロイン像」が収録されるといった具合。そのほかにも、萱《かや》野《の》稔人《としひと》「ナショナリズムは悪なのか」、東浩紀《あずまひろき》「動物化するポストモダン」、國分《こくぶん》功一郎「『贅沢』のすすめ」、大澤《おおさわ》真幸《まさち》「巫女の視点」など、現代の論客の文章も入っている。もちろん柄谷行人や前田愛、丸山眞男、藤田省三といった人びとも。

　これだけだとたんなるアンソロジーなのだが、受験参考書という側面では、各評論文の後ろに「読解」として設問がある。そして巻末（といっても全体のボリュームの三分の一近く）が、この設問の解答をするかたちで、各評論文を詳しく解説している。しかも図解だ。東浩紀の「動物化するポストモダン」など、東の文章を読んだだけではわかりにくいが、こうやって図解されるとなるほどと思う。

　この『ちくま評論選』、値段はたったの千円ぽっきりだ。ほかに『ちくま評論入門　高校生のための現代思想ベーシック』や『ちくま小説入門　高校生のための近現代文学ベーシック』も、やはり同じくらいの値段で出ている。

もっとも、失敗もある。『詳説世界史』と『詳説日本史』がよかったので、高校の勉強をやり直そうと思い立ち、高橋一雄『もう一度高校数学』（日本実業出版社）を買ってみた。副題は「数ⅠA・数ⅡB・数ⅢCがこの1冊でいっきにわかる」。三十年前を振り返ってみると、だいたい三角関数と微分積分のあたりで頭に霞がかかり、すべてがぼんやりとしていった。しかし、頭の柔軟な十代の三年間でわからなかったものを、一冊の本で「いっきに」わかろうなんて甘かった。退屈な午後の暇つぶしにぱらぱらとめくっていてもわかるわけがない。ノートと鉛筆を用意して気合いを入れなきゃ理解できない。しかも理解できないところを飛ばすと、ますますわからなくなる。一歩一歩確実に読んでいかなければならない。まあ、ふだん使わない筋肉を使うような、新鮮な気持ちになるけれど。

三　51歳からの読書術

電子書籍は中高年の味方だ

電子書籍を読むようになって、七、八年になる。最初はａｕの携帯電話や iPod touch を使って読んでいた。それと前後して、アメリカで Kindle が発売された。Kindle は日本でのサービスがなかなか始まらず、Kindle 2 が出たとき待ちきれなくて、アメリカのアマゾンから購入した。その後、アマゾンは日本でも電子書籍のサービスを始め、ぼくも Kindle 2 から Kindle の paperwhite に替えた。ソニーの reader も持っているが、いまは paperwhite と iPad mini で電子書籍を読む。読む本の二割から三割ぐらいが電子書籍だ。

最初のころは、場所を取らないことや、持ち運びが楽なことなどが、電子書籍の利点だと感じていた。でも最近は、読みやすさが最大の魅力だと思っている。老化が始まった中高年に電子書籍は優しい。

老眼がついに来た！　と思ったのは五十歳を過ぎたころだ。本や雑誌を読んでいて、小さな字が見えにくい。うまく焦点を合わせられない。疲れ目かと思って、まぶたを閉じたり目のまわりをマッサージしたりするが改善しない。とうとう老眼がやってきたか、と観念した。本に顔を近づけると、ますます見えにくくなる。腕を伸ばして本を遠ざけると、焦点が合う。そうか、これが老眼というものか。落ち込みはしなかったが、不便になったと思った。

ちょうどそのころ、飛蚊症《ひぶんしょう》も始まった。視界のなかに金魚のような陰ができて、ふわふわと動いている。壁も床も天井もすべて白い部屋にいると、目のなかで金魚が泳いでいるのがよくわかる。眼科で診てもらうと飛蚊症だと診断された。また、自分では気づかなかったけれども、左目は白内障が始まっていた。

老眼、飛蚊症、白内障。何だか目の老化のロイヤルストレートフラッシュという感じだ。とうとうオレもおじいさんの仲間入りか、と思った。がっかりはしないけど、嬉しくもない。人生のカウントダウンが始まっていることを、身体が教えてくれた。もっとも、カウントダウンは生まれた瞬間から始まっていたのだが。大昔の狩猟文化のころなら、こうして老化によって人は狩りに出られなくなり、集団のなかでの役割が変わり、しだいに周縁的な存在となり、やがて衰えて死んでいったのだろう。よく「後進に道を譲る」というけれども、老眼を自覚するあたりから心がけるべきかもしれない。

老化は読書に影響する。毎日新聞社が戦後まもなく開始して、いまも継続している「読書世論調査」のデータを見ると、ふだん本を読むと回答する人の比率は、一九六〇年代からほとんど変化していないことがわかる。つまり、よくいわれる「読書ばなれ」は起きていないのだ。それと同時に、中高年が意外と本を読んでいないということもわかる。「最近の若者は本を読まない」とよくいわれるのに、じつは本を読んでいないのは若者ではなくて中高年である。しかし、自分が老眼・飛蚊症・白内障になってみると、「こりゃあ、老人の読書ばなれが起きるのも当然だよなあ」と感じることが増えた。本を開いても字が読めないのだ。

ぼくの老眼はまだ軽度で、老眼鏡を使うほどではない。定期的にチェックしてくれるドクターも、「まだ早いわよ。度が合わなくなって使わなくなった昔の近視用眼鏡でいいわ」とアドバイスしてくれる。しかし、細かい字の本だと、度の弱い近視用眼鏡では読めないこともある。そろそろ老眼鏡をつくらなきゃ。

しかし、老眼の不便さというのは、なってみないとわからないものだ。老眼というものは近眼の反対、つまり遠視みたいなものだろうとぼくは思っていた。ところがどうも違う。焦点を合わせる力そのものが衰えてしまったようだ。時間帯などによっても見え方が違う。ぼくの場合は日が暮れると見えにくくなる。白内障も加わって、夕暮れどきは何だかレースのカーテン越しで見ているような感じだ。

ときどき細かい字を読むために、眼鏡を外して目を本に近づける。まるで版木に向かう棟方志功のよう。本を引用しながら原稿を書くときなどは、眼鏡を外して本を読み、眼鏡をかけてパソコンの画面を見ながらキーボードを打ち、という繰り返しをしなければならない。そういえば、レンズ跳ね上げ式の眼鏡を見たことがあるけれども、あれって使い心地はどうなんだろう。

老眼になってみて、電子書籍のありがたさがしみじみとわかる。まず、文字の大きさを変えられるのがいい。それだけでなく、書体や行間のスペース、周囲のスペースなども変えられる。

ぼくが使っているKindle paperwhiteはフロントライトが内蔵されていて、画面自体がぼやーっと光る。スマートフォンやタブレットのような刺激的な光ではないので、長時間読んでいても目は疲れない。さきほど夕暮れ時は目が見えにくくなると書いたが、この電子書籍リーダーならそういうこともない。電車のなかでもベッドのなかでも快適に読むことができる。

不思議なことに、紙の本で読みやすい書体と電子書籍で読みやすい書体があるようだ。ぼくは、紙の本では明朝体が好きで、ゴシック体は好きになれない。雑誌の短い記事ならともかく、小説やエッセイ、評論など、長い文章は明朝体でないと落ちつかない。ところが電子書籍だと逆だ。明朝体で読むと、何だかしっくりこない。頭に入ってこないような気がする。それでゴシック体に切り替えてみると、これがなかなかいい。どうしてこんなことが起きるのだろうか。電子書籍の画面に使われているeインクと書体と視覚との間に特別な関係があるのだろうか。

電子書籍は軽いのも嬉しい。そういえばアメリカのサイトに、電子書籍の読書と疲労度を調べた結果があったが、KindleやKoboのようなeインクか、iPadなどの液晶画面かは、疲労度とあまり関係がなく、むしろ機器そのものの重量に左右されるところが大きいと書かれていた。軽いほうが疲労は少ない。長時間本を読んで疲れると感じるのは、もしかしたら目や頭が疲れたのではなく、本を持った腕が疲れたのかもしれない。

いまのところぼくは、電子書籍を読むとき、paperwhite以外に、iPhone 6とiPadminiも使っている。本を参照しながら原稿を書くときは、Mac版のKindleも使っている。本を読む状況に応じて機械を使い分けられるのも電子書籍のいいところだ。寝床ではpaperwhiteで読み、満員電車のなかではiPhone 6で読む。出張先にiPadminiを持ち歩くときは、これで本も読む。それぞれの機械はインターネットのなかで同期されるので、たとえばiPhone 6で読んだ続きをすぐpaperwhiteで、なんていうことも簡単にできる。紙の本でいうなら、家では大きな単行本や文学全集版で読み、電車のなかでは文庫本で読む、みたいな感じだ。

いま、機械としての洗練度はiPhone 6がいちばんすぐれていると感じる。iPhone 5のころに比べて画面も大きく鮮明になったし、コンピューターとしても電話機としても洗練されてきた。paperwhiteは画面の質感が紙の本に似ていて、目にも優しい気はするが、たとえば入力に対する反応スピードなどはiPhoneやiPadminiにかなわない。アマゾンが音楽の定額聴き放題サービスを始めたので、最近はiPadminiで音楽を聴きながらKindleアプリで電子書籍を読むことが多くなった。今後、KindleやKobo、ソニーのreaderなどの専用端末は淘汰されていくのではないかと思う。スマートフォンとタブレットにすべてが集約されていく。

とはいえ、現状の電子書籍には不満がたくさんある。まず本のタイトル数が絶対的に不足している。大手の出版社では紙の本と同時に電子書籍版も配信するようになったが、まだまだ一部に限られる。出版社が消極的なのか、作家が否定的なのか。でも、たとえば村上春樹は、英語でならほとんどの小説を読めるが、日本ではようやく一部のエッセイが電子化されたにすぎない。二〇一五年の秋、ようやく初の、小説の電子書籍版として『色彩を持たない多崎つくると、彼の巡礼の年』が配信された。

電子書籍には紙の本と違う点がいくつかある。紙の本は購入するとその人の所有物になるが、電子書籍はその本を（というよりも「コンテンツを」といったほうがぴったりな感じがする）読む権利を限定的に購入しているだけなのだ。そのため、購入した電子書籍ストアがサービスをやめてしまうと、その本を読めなくなる可能性がある。電子書籍だから永遠に読める、なんて思ったら大間違い。むしろ紙の本よりも命は短い。

電子書籍はまだまだ過渡期的なものだ。十分に洗練されているとはいいがたい。書物五千年の歴史のなかで考えると、誕生したばかりの形態だ。変化の早い情報通信技術の世界だから、五年後十年後にどうなっているかは想像もつかない。そんな先まで、ぼく自身が生きているかどうかもわからないのだけれども。

テレビを捨てよう

読みたい本がたくさんある。いくら読んでも、まだ読んでいない本は減るどころか増えるばかりだ。どうやって読書時間を捻出するかが最大の問題である。一日は二十四時間しかない。使う時間の配分を考えなければならない。睡眠時間は変えられない。食事時間も削れない。よく「寝食を忘れて」などというけれども、実際には寝食を忘れることはできない。体に悪い。寝食を忘れず本を読むには、それ以外の時間の見直しが必要だ。

働かないで本を読みたい。でもこれまた現実を考えると、仕事の時間を減らすのは難しい。残業や休日出勤をゼロにして、通常の勤務時間もさらに減らして、というのは理想である。しかし、口でいうほど簡単ではない。会社勤めであれば、同僚たちが週に五日働いているのに、自分だけ一日減らすというのは、何か特別な理由――家族の介護であるとか、育児であるとか――がなければ、なかなか言い出せない。ほんとうは「本をもっと読みたいので、週休三日で働きます」といえればいいのだけれど。

フリーランスなら時間は無限にある……といいたいところだけど、現実には反対だ。フリーランスというのは個人事業者で、すべてが取引先の意向で決まるようなもの。労働時間は会社員よりも長い。土日もない。なかなか思うように本を読めない。

ある程度の時間はお金で買える、というのは中年になってから発見したことだ。たとえば移動するとき、時間優先で交通手段を選ぶ。飛行機か鉄道か、料金ではなく時間で選ぶ。急行より特急に乗る。自由席ではなく指定席に乗る。疲れていればグリーン車に乗る。できるだけ楽をする。普通車の自由席で立ち続けて失われる時間よりも、グリーン車で快適に本を読む時間をお金で買う。自由席で立ち続けたことによる疲労は、その日だけでなく翌日や翌々日にも影響する。お金を優先して失われるもの、グリーン車で得られるものはけっこう大きい。バスを待つよりタクシーに乗る。時間を気にせず貧乏旅行ができるのは若者の特権だったのだ、といまにして思う。

読書時間を増やすのにいちばん効果があるのは、テレビを捨てることだ。

テレビを見なくなって十年あまりになる。いまの住まいに越したとき、テレビを見るのをやめた。きっかけは本を読むためというよりも、テレビを置く場所がなかったからだった。数年前から東京と京都の二重生活をしているが、京都の家にもテレビはない。テレビを見なくなると、読書時間が格段に増える。

それまではテレビ漬けの毎日だった。さすがに午前中は見ないが、昼のニュースを見ながらご飯を食べ、みのもんたの「午後は○○おもいッきりテレビ」を見て、夕方も各社のニュース番組をハシゴしながら晩ご飯を食べて、久米宏と筑紫哲也の顔を見てから風呂に入るという毎日だった。口実としては、雑誌の仕事をしているのだから、世の中のいろんな情報を仕入れておかなきゃ、ということだったが、実際はただの惰性だ。

テレビがなくなったらつらいかと思ったが、そんなことはまったくなかった。新聞の番組表を見ても、とくに見たいと思うものはない。禁断症状がないのだから、テレビ中毒というわけではなかったようだ。たまに出張で泊まったビジネスホテルでテレビをつけてみることがあるけれど、すぐ消してしまう。つまらないからだ。

テレビを見なくなったかわりに、ラジオをよく聴くようになった。朝起きて、すぐラジオをつける。たいていはInter FMかＪ－ＷＡＶＥ。たまにＮＨＫ。食事するときはＣＤを聴く。最近はインターネットでラジオを聴くことも多い。

テレビがなくても困ることはない。ニュースは新聞で十分だ。

ただし、芸能界の情報にはうとくなる。AKB48が登場したころ、読み方がわからなかった。「エーケービーよんじゅうはち」なのか「アキバ・フォーティーエイト」なのか。又吉直樹も「またきちなおき」だと思っていた。芸能人の名前だけじゃない。「菅」という人が官房長官になったとき、「へえ、民主党の元総理大臣と同じ名前なのか」と思った。ぼくの頭のなかでは長いこと「かんかんぼうちょうかん」だった。沖縄の知事も「おきながちじ」だと思っていた。地名も難しい。新聞・雑誌は、固有名詞にルビをつけてほしい。

驚いたのは、アイドルや若い俳優の顔の区別がつかなくなったことだ。きゃりーぱみゅぱみゅのように特徴的な顔や名前は覚えられるが（YouTubeで何度も見たし）、そのほかはみんな同じに見える。長澤まさみと石原さとみと綾瀬はるかと堀北真希と新垣結衣の区別がつかない。とくに前者三人は、「漢字のラストネーム＋ひらがなのファーストネーム」というところが同じでまぎらわしい。「新垣結衣」は「にいがきゆい」なのか「あらがきゆい」なのか。ジャニーズもTOKIOはわかるが、嵐はわからない。わからなくても困らない。俳優の顔がみな同じに見えるから洋画は見ない、という人がいるが、たぶんこんな気分なのだろう。

スポーツからはますます遠ざかった。それでも一時は、サッカーや野球やゴルフをテレビで見ていたことがあった。でもテレビを見なくなると、何の関心もなくなってしまった。スポーツ観戦というのは、チームや選手に関する知識の蓄積がないと面白くない。新聞を読むときも、スポーツ欄とテレビ欄は飛ばしている。無駄に購読料を払っている気分だ。


博報堂の関連会社、メディア環境研究所が調査したメディア接触時間（東京地区、二〇一四年）は、テレビが一五六・九分。二時間半はずいぶん多いと感じるが、朝をドラ見ながらご飯を食べて、夜のドラマとニュース番組を見ればこのくらいの時間になる。一日二時間半あれば、二日でミステリーの長編を読み終えられるだろう。テレビドラマ＆ニュース番組を見る二時間半とミステリー小説を読む二時間半。どちらが充実した時間であるかはいうまでもない。本を読む時間を捨ててまでテレビを見るなんて、ほんとうにもったいないと思う。

もっとも、ぼくのまわりではテレビを持っていない人や持っていても見ない人が増えているように感じる。ふだんテレビ番組が話題になることもない。『あまちゃん』の話もほくのまわりでは出たことがない。テレビを見ていないとまわりとのおしゃべりに取り残される、という話も聞いたことがあるが、それはテレビ局と広告代理店が流したデマじゃないかと思っている。

本を売る

蔵書は少ないほうがいい。たくさんあると、どの本がどこにあるのかわからなくなる。本棚を見まわして、把握できる本だけを所有するのがいい。

ときどき本を売る。以前はリュックサックに本を詰めて古本屋に運んでいた。クルマで運んだこともあった。数年前、近所に古本屋ができたので、本が溜まったら取りに来てもらうようにしている。

ちょっと油断すると本が増える。家を建てる前は、ほぼ五年おきに引っ越していた。そのたびに大量に本を売った。本に限らず、引っ越しは生活の見直しのいい機会だ。衣類も家具も食器も、その他さまざまな雑貨類も、引っ越しのたびに「これはいる」「これはいらない」と分類し、処分することができた。それはかなり労力のいる作業で、引っ越しをするたびにヘトヘトになった。家を建てて引っ越したとき、「もう引っ越しを繰り返さなくてもいい」と心から思った。その気持ちはいまも変わらないし、もう二度と引っ越したくない。しかしそれは、ちょっとでも気を抜くと、本や服やさまざまな雑貨がどんどん溜まっていくことも意味する。

本に囲まれた生活をするのは、若いころの夢だった。十八歳で上京して、西荻窪の四畳半風呂なしトイレ共同のアパートに住んだとき、実家から持ってきた本はほんの数冊だけだった。駅前の安売り家具屋で買ったスチール本棚はスカスカだった。古本屋や大学生協で買った本を並べるたびに嬉しくなった。

大学一年生の秋、同じサークルの友人が遊びに来た。実家住まいの彼はぼくの本棚を見て、「本が少なくていいなあ」といった。それはべつに意地悪な気持ちでいったのではなかったのだと思う。だけどぼくには「おまえはばかだなあ」といっているように聞こえた。本を増やそう、本棚に本がぎっしり並んでいるような部屋にしよう、と思った。

よく「学生のころ、お金に困って本を売った」という人の話を聞くけれども、ぼくは学生のころ本を売ったことがない。裕福だったわけではない。いつもお金がなかった。買えるのは古本か文庫に限られた。どんな本でも大事にして、本棚に並べた。

社会人になって給料をもらうようになり、少しは新刊の単行本も買えるようになった。

何しろ職場は書店だったから、欲しい本は無限にあった。ぼくが入社したのは洋書の輸入販売会社だったけれども、デパートの書籍売場の隣にあった。村上春樹やよしもとばななの新刊は、発売日に買った。給料は安かったが、安いなりに少しずつ増えていった。二十五歳のときからライターの仕事もするようになり、月々の本代ぐらいの原稿料をもらえるようになった。三〇平米の借家の床にスチール本棚が増えていった。

木造モルタルの借家から鉄筋コンクリートのマンションへ、そのマンションも四五平米、六〇平米と広くなっていった。本棚はスチールから木製になり、棚の数も増えていった。しかし本の増加はそれよりも早かった。

初めて本を売ったのは、三十歳を超えてからだった。かなり遅い買取デビューだ。評論家の呉智英《くれともふさ》さんにアドバイスされたのがきっかけだ。呉さんは「もう読まない本は手放すべきだよ。自分のところで死蔵しておくよりも、古本屋に売れば、誰かが役立ててくれるかもしれないんだから」といった。

図書館に寄付したほうがいいんじゃないかとも思ったけれども、図書館関係者や古書業界の人たちの話をいろいろと聞くうちに、古本屋に売るのがいちばんいいと考えるようになった。

　図書館にとって、本の寄付はそれほどありがたくないようだ。むしろ迷惑だという図書館員もいる。よほど資料的価値の高い本は別だけれども、一般の人がそういう本を持っている可能性はあまりない。なぜ迷惑なのかというと、手間がかかるのだ。まず図書館が所蔵すべき本なのかどうかを判断しなければならない。所蔵するとなったら、書名や著者名をはじめさまざまなデータを登録し、分類し、カバーをつけるなど加工しなければならない。時間もお金もかかる。そして、大半の本は資料的価値がないので、廃棄するかバザーなどで売るしかない。これも手間がかかる。ある大学図書館では、亡くなった教授の遺族から寄贈された本が、未整理のまま段ボール箱に詰められ、倉庫に大量に積まれているそうだ。遺族としては「〇〇文庫」なんて名前のついた棚が図書館にできるのを夢見るのだろうけれども、そうした価値のある本をたくさん持っている人は学者でもまれだ。

　古書店のいいところは、価値を市場原理で判断してくれるところだ。どんなに下らないもののように見えても、その本に値段がつけば、探している人に届く。これはアマゾンの登場で実感できるようになった。図書館ではおよそ所蔵していないような、たとえば、ふた昔前のタレント本なんかでも、アマゾンでは入手できることがある。逆に、価値のない本は古書組合の交換市でも値段がつかず、廃棄されていく。古書店というか、古書業界が、価値のある本を後世に残していくフィルターのような役割を果たしている。蔵書を売るという行為は、自分が所有していた本を、このフィルターに入れて、適正な値段をつけ、必要としている人に届けるという意味がある。

フィルターという機能の面では、ブックオフよりも街の古本屋のほうがすぐれている。古本屋にはそれぞれ得意分野がある。歴史書が得意だったり、ミステリーが得意だったり、純文学が得意だったり。古書組合の交換市にはいろんな古本屋が集まっているから、幅広くニーズを拾うことができる。

古本の売り方についてはいろいろな意見がある。ある程度の量を古本屋に持ち込み、値段がつくものだけ買い取ってもらい、値段のつかないものはブックオフに持っていき、そこでも値段がつかないものは廃棄してもらう、とか。ぼくは面倒なので、段ボール何箱ぶんかが溜まると、近所の古本屋の店主（好青年だ）に来てもらう。

とはいえ、なかなか本は減らない。理想はスカスカな本棚だ。本を詰め込みすぎて、後ろにある本が見えないというのでは本棚の意味がない。

本棚を見まわすと、いまの住まいに引っ越してから、いちども開いていない本がたくさんある。前の住まいから「また読むかもしれない」「必要になるかもしれない」と思って持ってきた本だ。しかし十年以上も開いていないのだから、この先も開くことはないだろう。その意味では呉智英さんのいう「死蔵」だ。だけど、これらを手放す勇気がなかなかわかない。本棚にそれらの背表紙が並んでいるというのがあたりまえの風景になっていて、これが変わるとぼくのなかの大事にしている部分まで損なわれてしまうような気がするのだ。とはいえ、いつまでもこだわっているのもよくないと思うのだけれども……。

本を持ち歩く

読む本がそばにないと、とたんに落ち着かなくなる。心の奥のほうが、そわそわとする。一種の依存症のようなものだろうか。

ひところ、電車のなかでは本を読まないと決意したことがあった。車中読書が目にいちばん悪いと眼科の研究者にいわれたからだ。たえず振動があることと、光線の加減で明るくなったり暗くなったりするのが、目に過度の疲労を強いるらしい。いちど失った視力は回復が難しく、なるべく疲れさせないようにするしかない。それを聞いて「失明するのでは」と震え上がり、しばらく電車のなかではポッドキャストなどを聴いてしのいでいた。だが、やっぱりウズウズしてくる。ポッドキャストじゃダメだ。本を読みたい。「ほ、本を、本をくれ〜」と叫びたくなるような飢餓感が襲ってくる。

というわけで、いまも出かけるときは家の鍵やiPhone、ポケットティッシュとともに、本をかばんに入れる。今日は読む機会がないかもしれないな、というときでも本を持つ。

たとえば近所の喫茶店で打ち合わせをするとき、相手が遅れてきたとき読む本がないと困る、という理由で本をかばんに入れる。ぼくにとって本は精神安定剤だ。

本を手にする余裕もないほど込んだ電車は、読めないのでつらい。両目を閉じてイヤホンから流れる音楽を聴く。がまんくらべの心境だ。かろうじてiPhoneを手に持てるぐらいの込み具合なら電子書籍を読む。

若かったころは、いつもハードカバーの本を二冊か三冊、かばんに入れていた。なぜ一冊ではなく二冊か三冊なのかというと、ちゃんとした理由がある。

まだ東大に勤務していたころの養老孟司さんにインタビューしたことがある。養老さんはハードカバーの洋書を何冊かかばんに入れていた。いずれもミステリーの新刊だった。養老さんは鎌倉の自宅と本郷の大学を往復する電車のなかでその本を読むのだといっていた。ハードカバーなのはまだペーパーバック化されていないから。複数冊なのは通勤の途中で読み終えてしまったとき、すぐ次の本を読み始められるようにということだった。養老さんも読む本がそばにないと落ち着かないのだろうか。

それにならって、ぼくも複数冊の本を持ち歩くようになった。

ただし、文庫や新書ではなくハードカバーの本にした理由は養老さんとちょっと違っていた。ハードカバーなら護身用の武器になるかなと思ったのだ。不意に誰かに殴られたり刺されたりしそうになったとき、これなら防げるかもしれない。反撃だってできるだろう。本の角は当たると痛い。

幸いにして、本を護身用に使う機会はいちどもない。そして、いつのまにか、荷物はできるだけ軽く、少なくしようと考えるようになった。以前なら、持っていくかどうか迷うものは必ずかばんに入れた。いまは迷ったら持たない。出先で、あればいいなと思うことはあるが、だからといってなくて困ることも少ない。護身用にハードカバーの本を持ち歩くよりも、そもそも危ないところには近づかない。夜になったら出歩かない。

護身用とか防災の観点からも、荷物は少ないほうがいい。たとえば外出先で大地震に見舞われたとき、本がたくさん詰まった重いかばんを持って避難するのは一苦労だろう。身軽がいちばんなのだ。

かといって読む本がないのはいやなので、ハードカバーのかわりに文庫や新書をかばんに入れるようになった。しかし、文庫のなかにはずいぶんとページ数が多いものがある。これが困りものだ。厚い文庫はかばんのなかで収まりが悪い。厚い本は読み終えるのに何日かかかり、毎日持ち運ぶうちに、本の角が折れたり表紙が曲がったり、ひどいときには破れてしまったりする。持ち運びにくいのでは文庫の存在意義も半減してしまう。

何かいい方法はないものか。そこで思いついたのが、分冊化である。十年以上前から分冊百科が大はやりだ。パートワークとかワンテーママガジンとも呼ばれる。全五十巻とか百巻で出ていて、ひと通り揃うと一冊の厚い本になる。城や鉄道など、趣味関係のものが多い。これにならって、厚い文庫本も自分で分冊にすればいいのだ。

方法は簡単だ。ページの奥にカッターの刃を入れて、すっと上から下へ引くだけ。たとえば一〇〇ページと一〇一ページの間に刃を入れる。このとき、本のページを一八〇度になるくらい開いておくと作業がしやすい。また、カッターの刃を深く立てて一回で切ろうとするのではなく、軽く当てて何度も刃を動かすほうがいい。また、このとき下にカッター台を敷いておかないと、机や床を傷つけてしまう。

ページ数は一日に読む量でいい。たとえば、毎分一ページぐらいで読めそうな本があり、その日は電車に三十分乗ってどこかに出かける予定だとする。三十分の往復で六十分。電車が来るのを待つのにそれぞれ五分として往復で十分。途中、カフェで三十分、コーヒーを飲みながら本を読むとする。すると六十分＋十分＋三十分で合計百分。百ページだが、予想よりも速く読める本かもしれないので、余裕をもって百二十ページを目安に切る。二百六十ページぐらいの文庫なら、ちょうど真ん中あたりで切るといい。

ただ、これだとぺらぺらの薄い本文ページがむき出しになってしまい、かばんや服のポケットに出し入れするときに折れたり破れたりする可能性がある。そこで薄いナイロン製でできた文庫用カバーをかけてみた。ナイロンのすべりがいいからだろう、ポケットからの出し入れも楽になり、本の傷みも少なくなった。

ばらばらにした本は、読み終えたあと、ガムテープを背に貼って、もとの一冊に直す。カバーをかけてしまえば、ほとんどもと通り。

この分冊化は文庫でなくても、ペーパーバックなら新書判や四六判《しろく》でもできる。糸綴じではない、接着剤で綴じただけの本なら、カッターひとつで簡単にできる。

しかし、ハードカバーだとちょっと難易度が上がる。まず本体と表紙を分離しなければならない。本体と表紙は見返しの紙でつながっていて、さらに寒冷紗《かんれいしゃ》などで補強されていることが多い。表紙を取り、さらに本体を二つか三つに分ける。補強材など細かなゴミが出るので、カッター台を敷くだけでなく、ゴミが飛び散ってもいいようにさらにその下に新聞紙などを広げて敷いておいたほうがいい。

分冊化したハードカバーは、ペーパーバックと違って、背にガムテープで貼っただけではもとのように戻らない。ハードカバーは表紙が本体よりも二ミリほど大きくできているので、いちど外してしまった表紙はぴったりとはつかなくなるのだ。本棚に並べたときの見栄えを気にする人は、ハードカバーの分冊化はやめたほうがいい。見返しの紙をつけて、製本し直すという手もあるが、そこまで手間をかけることはないだろう。

電子書籍は携帯に便利だ。六インチ画面の Kindle や Kobo なら文庫とそう変わらない大きさと重さだし、タブレットでも iPad mini くらいなら単行本とほぼ同じだ。だからひところは厚い本をばらばらにしてスキャナーで読み込み、pdf にしてタブレットで読んでいた。いわゆる自炊だ。だがこれもだんだん面倒くさくなってきた。わざわざ持ち歩くためになら、自炊するぐらいなら、分冊化したほうが手っ取り早い。もちろん何日にもわたる旅のために、少々長い本を自炊するのはしかたないけれども。

ほんとうは読む本がなくてもぼんやり過ごせるぐらいになるのがいいのだが、なかなかそうはならない。

散歩のコースに古本屋を

散歩は楽しい。しかし目的なく歩くのは難しい。徘徊以上、ウォーキング・エクササイズ未満ぐらいの気楽な感じで歩きたい。

住宅外をうろうろしていて、不審者だと思われるのは困る。コラムニストの小田嶋隆さんが、中目黒の住宅街で道を尋ねたら、相手の女性は何もいわずに走って逃げていったという話を書いていた。中年男が昼間から住宅街を歩いているだけで不審者扱いかよ、と。通報されて逮捕されるんじゃないかと思うとぞっとする。犬でも連れていれば口実になるのだろうけど。

やっぱり散歩にも目的と目的地が必要だ。最適なのが古本屋と新刊書店である。たとえ警察官から不審尋問されても「本屋に行くのだ」「本屋に行ってきた」と主張できる。「そのへんを、ちょっとぶらぶら」よりは怪しさが少ない。

哲学者のカントは毎日、同じ時間に同じコースを歩き、ケーニヒスベルクの街の人たちは彼の姿を見て時計を合わせるほどだったというが、日ごとにエリアを変えて歩くほうが楽しい。

散歩の途中で本を買うかもしれないので、手ぶらでは出かけない。トートバッグかリュックサック、ヒップバッグを持っていく。バッグのなかには財布とスマホ、ティッシュが入っている。

足もとは、真夏はビーチサンダル、それ以外の季節はスニーカー。真夏は首にスポーツタオルをかける。汗を拭くためだ。帽子も忘れない。真冬はイヤーウォーマーを。耳が凍えるのはつらい。一年中、欠かさないのがサングラスだ。五十歳を過ぎてから、白内障が気になりだした。夕方、日光の加減によっては、視界がレースのカーテン越しのようになる。これ以上進行させたくないので、紫外線よけにサングラスをかける。

家から少し歩いて、汗をかき始めるころ古本屋に到着する。古本屋も新刊書店も、行くたびに少しずつ品揃えが変わっている。その人によって、いろいろ流儀があるだろうが、ぼくの場合は、まず均一棚から見ていく。たいていは店の外のワゴンや棚に入っている。一冊百円とか二百円とか。ときには「何冊でも百円」なんていう店もある。早い話が、在庫処分品だ。お店からすると、持っていってくれればありがたい、というぐらいのもの。しかし、この均一棚にときどきお宝がある。お店の人はお宝だと思っていないかもしれないけど、長年探していた本が紛れ込んでいたりする。

均一棚には、十年ぐらい前のベストセラーが多い。本の背を眺めながら、昔はこんな本がはやったんだな、そういやあのころ、こんなことがあったな、などと感慨にひたる。とりあえずこの均一棚で一冊買っておくと、それがはずみになって、本を買うことに積極的になる。はじめの一歩は大事だ。

均一棚をチェックしたら、店内の棚を隅から隅まで見ていく。何年も同じところに置かれている本もあれば、新しく入った本もある。欲しい本がないわけではない。でも、いますぐというわけでもない。いま買わないと、もう出会えないかもしれない。だけどいまは買いたくない。そんなことをうじうじ考えながら本棚を眺めている。

半年前とさほど変わらない本棚なのに、気になる本は半年前と変わっている。本棚が変わったのではなくて、ぼくの関心が変わったからだ。いま関心をもっているテーマやジャンル、人、土地の名前などが書名に入っていると、その本が目に飛び込んでくる。気になる本はいちおう手にとって、目次を読んでどんなことが書かれているかを把握する。奥付を見て、いつごろ出た本なのかを確認する。初めて見る本、今後も古書市場に出てきそうにない本で、そのとき財布に入っているお金で買えそうな本だったら買う。

新刊書店に均一棚はないけれども、そのかわり新刊台がある。新刊の本が並んでいる台だ。毎日、たくさんの新刊が出る。年間新刊発行点数は、数え方によって違うけれども、ここ数年はだいたい八万点前後だ。一年三百六十五日で割れば、毎日、平均して二百二十点弱が出ていることになる。土日や年末年始は出版社も取次も休むから、週日だけと考えると平均三百点強だ。もっとも、すべての書店にすべての新刊が並ぶわけではない。いま、単行本の初版部数は三千部から五千部ぐらいが多い。日本には一万四千軒弱の新刊書店があるから、本が刊行されても並ばない書店のほうが多い。だからぼくが散歩の途中で覗くような書店には毎日三百点も新刊が入ったりはしないのだけれども、それでも新刊台の本は毎日入れ替わる。新刊書店では、まずこれをチェックする。それから棚をさらっと見ていって、雑誌の表紙もさらりと眺めて、店内をぐるっと一周して出ていく。

ぼくが東京のいまの住まいに越してきた十二年前、自由が丘には六軒の新刊書店と、四軒の古本屋があった。レコード店も一軒、中古レコード店が三軒あった。毎日、全部の店を回るわけにもいかないので、その日の気分によって二、三軒ずつ覗いて回っていた。それがいまでは新刊書店は三軒に減ってしまったし、古本屋も二軒だけになった。レコード店も中古レコード店もなくなってしまった。新刊書店やレコード店がなくなっているのは自由が丘だけじゃない。それは寂しいことであるけれども、人口が減っているのだからしかたないとも思う。近所の書店やレコード店は減ったが、隣町にまで足をのばせば、散歩できる距離内に店はまだまだたくさんある。

新刊書店が増えている街もある。二子玉川はぼくの家から歩いて四十分ほどで、ひと汗かくのにちょうどいい距離だ。この街にはわりと最近、大きな書店が二つできた。以前からある二子玉川高島屋内の紀伊國屋書店に加えて、再開発されたライズのなかに文教堂と、そして新たに蔦屋家電が登場した。どれも大型書店で、必要な本はこの三店を見て回ればだいたい間に合う。しかも三店は品揃えも、店のつくり方もまるで違う。文教堂はオーソドックスな総合書店で、探している本があるときはこちらが便利だ。蔦屋家電はその名の通り、書店と家電店を組み合わせた店で、テーマごとに本が並んでいる。目的の本を探すよりも、本との偶然の出会いを楽しむ書店だ。

同じく歩いて行ける東急東横線の都立大学駅付近や学芸大学駅付近では、若いオーナーによる小さな古本屋が新しく登場している。そちらを見て回るのも楽しい。ついでにいうと、都立大学駅も学芸大学駅も、付近に大学はない。都立大学は多くの学部を多摩方面に移転させて、名前も首都大学東京に変わった。

ブックオフは一部の出版関係者からは蛇蝎《だかつ》のごとく嫌われているが、ブックオフの棚を覗くのもなかなか楽しいものだ。基本的に近隣の人が売った本が並んでいるので、その街の人の読書傾向のようなものがわかる。一軒の店だけ見ていたのでは気づかないが、複数のブックオフを眺めると違いが見えてくる。街による違いというよりも、走っている鉄道の路線による違いかもしれない。ぼくの散歩コースには、東急東横線、東急目黒線、東急大井町線、東急池上線の各線の街があり、東横線沿線のブックオフの棚と池上線沿線のブックオフの棚は違う。

京都は古本屋の多い街だ。しかもあちこちに点在している。こんなところに、と思うような場所に古本屋がある。京都大学や同志社大学の周辺だけでなく、河原町通や丸太町通のような大きな通り沿いにもあるし、寺町通のような観光客の多い通りにも古本屋がある。新規に古本屋を始める人も多い。ブックオフもあるが、従来型の古本屋のほうがそれぞれ違っていて面白い。

地図を読む

散歩から帰ると、地図を開いてその日歩いた道を確かめる。これが習慣になったのは、三十代のころ、田中康夫さんにアドバイスされたのがきっかけ。どうしたらクルマの運転がうまくなるだろうかと聞いたら、その日に通った道を帰ってから道路地図で確かめるといいといわれたのだ。運転の前に地図をよく見ておくのは誰もがするだろうが、帰ってから通ったルートを振り返ることはなかなかしない。しかし、こうすると道をよく覚えるし、ほかにルートはなかっただろうかと考えるきっかけにもなる。田中さんによると、道をよく知っていれば運転に集中することができるし、自然と運転もうまくなるということだった。

カーナビを利用するようになっても、この習慣は変わらない。クルマの運転だけでなく、電車やバスに乗ったルート、歩いたルートも、地図で確かめるようになった。「あの角を曲がれば、こっちの道に出たのか。こんどはそうしてみよう」などと考える。道を一本変えるだけで、見慣れない風景が出現する。

高校を卒業して東京の大学に進学し、杉並区の片隅でひとり暮らしを始めたとき、いつもポケットに地図とコンパスを入れていた。生まれ育った北海道は、どの町もたいてい道路が碁盤の目のように規則正しく並んでいて、○条○丁目という名前がつけられている。だからどこにいても自分の位置がわかったし、初めて行くところでも、住所さえわかれば、どこをどう歩けばたどりつくか見当がついた。ところが東京はそうではない。道路は不規則に曲がり、袋小路や三叉路もある。のちに地方のあちこちを仕事で訪れるようになり、城下町というのはだいたいそういうものだということを知った。他所者《よそもの》が迷いやすいように、あえてそうつくってあるのだと聞いたこともある。嘘か本当かわからないが。

十八歳で人口三十六万人の田舎町から一千万人の大都会に出てきて、人の多さと街のにぎやかさに圧倒されながら、自分の現在地がわからず、目的地に行くにはどちらに進めばいいのか見当がつかないのは恐ろしかった。ひとり暮らしを始めてすぐ買ったのはポケットに入る都内の地図だった。オイルの入ったコンパスは、高校の山岳部時代からの愛用品だ。いまはスマホの地図アプリがあるから、地図とコンパスを持ち歩くことはなくなったけれども、道路地図を開いて、たどったルート、歩いた道を確かめる習慣はなくならない。

京都では一本一本の道に名前がついていて、散歩から帰ってそれを確かめるのが楽しい。二条、三条、四条と、わかりやすい道もあるが、それは例外的だ。たとえば一条は東半分が京都御苑《ぎょえん》（京都の人は御苑も含めて「御所」と呼ぶ）になっているし、二条と三条の間には押小路《おしこうじ》通、御池《おいけ》通、姉小路《あねやこうじ》通が、三条と四条の間にも六角通、蛸薬師《たこやくし》通、錦《にしき》小路通がある。六角通には六角堂が、蛸薬師通には蛸薬師堂が、錦小路通には錦天満宮があって、それぞれのお寺や神社の場所を知っている人は、位置関係も把握できるだろうが、押小路や姉小路、綾《あやの》小路（四条の南にある）の位置関係は慣れるまでよくわからない。京都の人は「まるたけえびすにおしおいけ、あねさんろっかくたこにしき」と数え歌のようにして覚えている。

京都では細い小さな道にも名前がついている。地図に載っていなくても、調べると名前がある。たとえば御霊図子《ごりょうのずし》通という道がある。寺町通の丸太町通から少し下ったところ、つまり南に進んだところに下御霊神社があり、その南側の道が御霊図子通である。西の端が寺町通で、東の端は土手町通でT字路になっている。わずか二百メートルほどの短い道だ。図子（途子・辻子とも）は横丁・路地という意味だから、通はつけず御霊図子とか御霊の図子というのが正しいのだろう。ぼくが持っているいくつかの地図には、御霊図子という名前はない。だけど昔、仁丹がつけた琺瑯《ほうろう》町名看板には小さく「下」とつけて「御霊図子」と書かれている。

京都の町名はもっと複雑だ。細かく不規則に並んでいる。読み方も難しい町名が多い。たとえば釜座町は、いかにも茶釜の名工、大西清右衛門の工房と美術館のある町だが、「かまざ」ではなく「かまんざ」と読む。地元の人でも近所でなければ読み方がわからないことがあるようで、京都の家を購入するとき、書類をつくってくれた司法書士さんは東土御門町を「これはなんと読めばいいんですか」と確認していた。「ひがしつちみかどちょう」と読む。マリンバ奏者・木琴奏者の通崎睦美さんは、天使突抜《てんしつきぬけ》という町に住んでいて、それをエッセイ集の書名にもしているのだが、小学生のころ学校で住所を書きなさいといわれ「天使突抜一丁目」と書いたら、「ふざけてはいけません」と叱られたそうだ。天使突抜は五條天神に至る町ということでつけられた、由緒ある町名なのだけれども。

東京でも新宿区などは江戸の名残をとどめる町の名前が生きていて、地図を開くのが楽しい。江戸時代の町名に戻せるところは戻してはどうだろう。東銀座より木挽町《こびきちょう》のほうが味があるし、町名にはその土地の歴史が刻まれているものも多い。

歴史といえば、古地図、歴史地図のたぐいは、いくら眺めていても、何度開いても、飽きることがない。古地図を眺めていると、土地というのは常に変化するものなのだと痛感する。土地は不動産というぐらいで、永久に安定的なものだと考えてしまうが、それは幻想にすぎない。たとえば東京でも杉並区や世田谷区など、現在は住宅地となっているところも、江戸時代は畑や田んぼや林だったのだし、さらに郊外となると、戦後になって山を削って宅地造成したところもある。東京湾に面したところはかつては海で、江戸時代から埋め立てが続けられて現在の姿になった。中沢新一の『アースダイバー』などを読み、数千年、数万年の単位で見ると、現在の地形は変化の過程の一瞬でしかない。

ときどき大雨と洪水で土砂崩れが起き、斜面に建つ家がその土ごと土地ごとごっそりと流されてしまう事故がある。地形そのものが変化するのだ。昭和新山のように、火山活動によって畑がいきなり山になることだってある。

古地図だけではない。道路地図だって五年もすると、役に立たないところが出てくる。新しい道路が開通したり、大きな建物ができたりするからだ。ぼくは十年ぐらい前のカーナビをそのまま使っているので、新しい道路を走っていると、カーナビ上は畑のなかを表示していたりする。

ガイドブックも同様だ。『まっぷるマガジン』や『るるぶ』が好きで、観光旅行に出かけるときは必ず事前に熟読し、旅先にも持っていくのだが、五年も前のものだと、店がなくなっていたりする。やはり最新情報はネットにはかなわない。『るるぶ』は電子書籍版が便利だ。古いガイドブックを資源ゴミに出す前、ぱらぱらとめくってみる。「ここも行った。あそこは美味かった」などと思い出す。その後、再訪したときは店がなくなっていたのを思い出し、世の無常を感じる。だいたい流行に乗って登場したものは、一時期もてはやされても、ブームが過ぎると急速に冷めてしまう。「かっこいい」といわれていたものが、こんどは「はずかしい」もの呼ばわりされたりして、人びとの残酷な一面を見たような気持ちになる。

いちど地図もスマホもなしで旅をしてみたい、とも思う。知らない町で道がわからなくなる感覚を味わってみたいとも。恐ろしいか、わくわくするか。そういえばぼくは、人に道を聞くということをめったにしない。聞かれることはよくあるけれど。

文学館への旅

初めて文学館の面白さに気づいたのは台風の日だった。

妻と四国旅行をしたときのことだ。高松空港でレンタカーを借り、反時計回りに四国を一周する計画だった。宿泊は道後温泉と高知・土佐山。土佐山では隈研吾《くまけんご》設計のオーベルジュに泊まる予定だった。計画だった、予定だったと書いたのは、結果的にそれができなくなったからだ。道後温泉に泊まった夜、台風が来て足止めを食らってしまった。高速道路は通行止めになり、土佐山も土砂崩れのおそれがあった。やむなく道後温泉のホテルに連泊することにした。

強い風雨のなか、午前中はホテルの部屋で過ごしたが、だんだん退屈になってきた。ホテルの近くにある子規記念博物館に行った。正岡子規の文学館である。なかには正岡子規に関する資料がたくさん展示されているが、子規についてだけでなく、松山市や夏目漱石についての資料も展示されていた。だから「文学館」ではなく「記念博物館」なのだ。

それまで正岡子規についての関心はほとんどなかった。知っているのは、せいぜい俳句「柿くへば鐘が鳴るなり法隆寺」。あとは夏目漱石の友達だったことぐらい。しかし、記念博物館で展示資料を一点一点眺め、説明もすべて読み、映像資料もすべて見るうちに、子規の全体像がわかってきた。特に映像資料は岸田森が演じる正岡子規と、佐藤オリエが演じる妹がよくて、以来、ぼくのイメージのなかでは、正岡子規といえば岸田森である。すっかり子規のファンになり、東京に戻るとすぐ『墨汁一滴』や『病牀六尺《びょうしょうろくしゃく》』『仰臥《ぎょうが》漫録《まんろく》』などを読んだ。

文学館は美術館や博物館に比べると地味だ。何しろ展示してあるのは原稿と文房具、そして復元された書斎ぐらい。美術館なら作品そのものが展示されているので、美術館を訪れることとイコール作品を鑑賞することである。しかし文学館はそうではない。作品は本を読めばいい。自宅でも図書館でもできる。文学館に行って、その作家の作品を読む人はあまりいないだろう。だから、正岡子規の俳句や短歌が好きだという人でも、わざわざ子規記念博物館を訪れる人は少ない。しかし文学館で一点一点の資料をじっくりと眺め、その作家の世界にひたるうちに、作品だけではわからないものが伝わってくる。

以来、折にふれて、あちこちの文学館を訪ねるようになった。それまでほとんど気にしていなかったのだが、全国にはいろんな文学館がある。しかも、美術館は公園など公共の大きな施設に隣接して建てられていることが多いが、文学館はその作家ゆかりの土地に建てられることが多く、住宅街のなかにひっそりとたたずんでいることもある。そして、それがまたいいのだ。

たとえば司馬遼太郎記念館。東大阪市の住宅街にある。司馬遼太郎の住居の一角が文学館になっていて、司馬の書斎も外から眺められる。安藤忠雄による建物はすばらしく、司馬の蔵書を一望できる壁面の巨大な本棚は壮観だ。しかし、この文学館の魅力は、この立地そのものにある。最寄り駅は近鉄奈良線の河内小阪《かわちこさか》か八戸ノ里《やえのさと》。関西在住者でも「どこだったたっけ?」というようなマイナーな駅である。しかも河内小阪からでも八戸ノ里からでも、住宅街のなかを十分から十五分ぐらい歩く。けっして便利なところではない。

東大阪は小さな町工場が点在する工業地帯だ。ぼくは近畿大学で集中講義をするため河内小阪のビジネスホテルに一週間宿泊したことがあった。学生に「晩ご飯を食べるのにいい店を教えて」というと、「あのへんは工場で働くおっちゃん向けの飲み屋ばっかりやからなあ」といわれた。実際、小さな居酒屋の多い街で、しかもどの店も常連ばかり。客も店主も世間話で盛り上がっているなか、こちらは隅っこでひとり静かに独酌&晩ご飯の一週間だった。駅前には司馬もよく買っていたという品揃えのいい書店があり、気取らない街には活気がある。司馬遼太郎記念館を訪れるということは、この河内小阪の街を歩くということであり、この街で生活しながら作品を書いていった司馬の人生を追体験することでもある。

司馬遼太郎記念館にはボランティアのスタッフがたくさんいる。現役をリタイアしたご近所の人びとが多いそうで、皆さん、司馬のことをとても誇りに思っている。そういうことを感じられるのも、文学館のよさだ。

同じ河内小阪には田辺聖子文学館もある。こちらは田辺聖子の母校、大阪樟蔭《しょういん》女子大学の図書館のなか。女子大構内にあるので、入るときは門のところで守衛さんから入館証を受け取らなければならない。田辺聖子は大阪弁による恋愛小説を確立した偉大な作家だ。それまで恋愛小説は標準語でなければならない、という雰囲気が支配的だった。その大阪弁と田辺文学の関係、大阪の町人文化と田辺文学の関係などがわかると同時に、大衆文学にはアフォリズムが不可欠だ、という彼女の文学観などもわかる。

吉川英治記念館は東京・青梅市の郊外にある。展示室の設計は、ホテルオークラ東京本館メインロビーや出光美術館、東京国立近代美術館などの設計で知られる谷口吉郎。

戦争が激しくなった一九四四年、吉川はこの土地に家族とともに移り住み、終戦後の一九五三年まで暮らしていた。疎開のように見えるが、土地の入手は日米開戦前だったそうで、以前から田園地帯での執筆生活を考えていたのだろう。JR青梅線の二俣尾駅から歩いて十五分と、あまり便利な場所とはいえないけれども、世田谷区のぼくの家からだと、休日のドライブにちょうどいい距離だ。

東京といっても、二十三区内、あるいは八王子以東の、ビルや住宅が隙間なく並び、人もクルマも途切れなく動いているところとはまったく違う。文字通りの田園地帯で、春は奥多摩の川べりに桜が咲く。記念館のある場所は、かつて吉野という地名だったというが、桜と縁があるのかもしれない。吉川夫妻が野点《のだて》の茶を楽しんだという庭を眺め、ぼんやりとたたずみながら「『新・平家物語』はここで執筆されたのだなあ」などと考えると、吉川の作品世界に一歩近づいたような気持ちになる。司馬と吉川は、広く愛された大衆文学の作家という点では共通しているが、二つの記念館の立地は対照的だ。

台東区の一葉記念館は、樋口一葉が暮らした街にある。『たけくらべ』の舞台、下谷の龍泉町だ。地下鉄の三ノ輪駅から歩いて十分ほど。落語や時代小説に出てくる吉原もこの近くにあり、吉原大門の交差点脇には、吉原で遊んだ客が遊郭を振り返ったという見返り柳もある。『あしたのジョー』の舞台になった泪橋《なみだばし》も近い。西に行けば寛永寺や上野であり、東に行けば隅田川、南に行けば浅草。吉原には貧困のために売られて遊女になった少女たちもいただろうし、上野の山は明治維新のとき彰義隊と官軍との戦いで血の海になった。この都市空間のなかで樋口一葉の作品は生まれた。

樋口一葉が作家として活動できた期間は短かった。デビューから亡くなるまでの四年間ほど。しかも二十四歳で結核で亡くなる直前の一年と少しの間に、傑作が集中している。

開高健記念館は湘南の茅ヶ崎にある。JR茅ヶ崎駅から二十分ほど歩いた、海岸の近くだ。開高が晩年に暮らした家をそのまま文学館にしている。北康利のノンフィクション『佐治敬三と開高健　最強のふたり』によると、東京・杉並に住んでいた開高は、妻の牧羊子から逃れるようにして、茅ヶ崎のこの場所に書斎をつくった。はじめはひとりで暮らしていたが、やがて牧羊子もこちらに越してきて、開高の目論見は外れた。門から母屋を通らずに直接書斎に入れる庭の通路を、開高は哲学者の小径と名づけたそうだが、それは母屋の牧羊子と顔を合わせず書斎に出入りするためのルートだったらしい。
晩年の風貌やエッセイ、テレビCMなどの印象から、豪放磊落《ごうほうらいらく》で楽天的なエピキュリアンというイメージをもっていたが、実際は繊細で、コンプレックスも強く、鬱にも悩まされ、身を削るようにして文章を書いていた。牧羊子がほんとうに悪妻だったのかどうかはわからない。開高の身近にいた人、開高ファンは、牧羊子を悪くいいがちだけど、ほんとうにひどい妻だったのなら別れていただろう。別れなかったということは、開高にとって愛妻だったのだ。しかし、のべつ一緒にいるのはつらかった。だから茅ヶ崎に逃げた。しかし妻と娘はついてきた。それ以上は逃げようとせず、こつこつとここで文章を書き、酒を飲んだ。開高が眺めたであろう風景と同じものを目にしながら思う。

文学館を楽しむコツは、とにかくゆっくり時間をかけること。急ぎ足で展示資料だけちらと眺めるのなら、わざわざ行く必要はない。作品だけ読んでいればいい。せっかく行くなら、時間をかけて展示資料を見て、説明文もよく読む。資料映像などがあれば、それも見る。それと、作家ゆかりの場所に建てられた文学館なら、その周辺もぜひ歩いてみたい。

タクシーで乗りつけて、帰りもまたタクシーを呼んで、というのではもったいない。

全国文学館協議会編の『全国文学館ガイド』という便利な本も出ている。旅のついでに文学館、いや、文学館訪問を口実にした旅はいかが？

図書館を使う

図書館がこんなににぎやかになったのは、いつごろからだろうか。平日の午前中からたくさん利用者がいる。ぼくが高校生だった一九七〇年代は、学校の図書室や市立図書館はいつも閑散としていた。図書室で顔を合わせるのはいつも同じメンバーで、ぼくたちの間にはマイノリティどうしの連帯感みたいな感情があった。

変わり始めたのは十年ぐらい前からだと思う。利用者が増えた理由はいくつかある。まず図書館の使い勝手がよくなった。開館時間が延び、なかには夜遅くまで開いているところもある。コンピューターとインターネットによる検索システムの充実ぶりも大きい。館内だけでなく、自宅にいながらにして本を探したり、予約したり、さらには他館からの取り寄せもできる。歩いていける距離に図書館があり、自宅にインターネット環境があれば、本を所有しなくても、それなりに充実した読書生活を送れる。

利用者の側も変わった。まずは団塊の世代の退職。雇用延長や再就職する人も多いが、退職する人もいる。また、働き続けていても、現役時代とは違って、週に何日かだけ勤務する人もいる。六十五歳を過ぎると、本格的にリタイアする人も多い。彼らのなかには、平日の朝から図書館に通う人もいる。かつて図書館といえば勉強する学生の姿が多かったが、いまは老人ばかりだ。それも圧倒的に男性が多い。

ぼくたちの図書館に対する意識もずいぶん変わった。もはや図書館は特殊な場所でもなければ、少数者のための施設でもない。誰もがいつでも気軽に立ち寄れる施設になった。中高年男性だけでなく、買い物帰りにベビーカーを押してやってくる女性も多い。

もっとも、統計を見ると、図書館の資料予算は年々減っている。利用者が増えているのにひどいと思う。以前はリクエストした本はたいてい購入されたのに、最近は購入されないことが増えた、と話す利用者もいる。リクエスト資料の購入率を調べた資料がないので、実際のところはよくわからないが。

図書館は便利になったけれども、まだまだ不満はある。とくに資料（蔵書）の選び方。ジャンルのバランスが悪い。文芸書がやけに多い。エンターテインメント系の文芸書は三年も経てば、たいていは文庫化される。文庫は個人で買えばいい。図書館に配置するなら、文庫になりそうにないようなものを優先すべきだと思う。実用書も家庭料理のレシピ本などが多いし、理工書の棚にパソコンソフトの解説書などがある。こういう本は個人で自宅に備えておくものではないのか。とくにパソコンソフトはどんどんバージョンアップして、古いバージョンの解説書は必要性がなくなる。

エンタメ系の文芸書や文庫、レシピ本、パソコンソフトの解説書などを図書館に置くなとはいわない。でもただでさえ少ない資料予算がどんどん削られているのだから、バランスと優先順位があるべきだろう。「Word」の解説書はあっても、百科事典はじめ調べものに不可欠なレファレンス本の蔵書が貧しい図書館はどうかと思う。

図書館を利用するにあたって、ぼくが原則としていることがある。それは、自前でできることはできるだけ自前で。公共図書館はみんなのものだ。個人でできることは可能な限り個人でやって、個人の手に負えないことをみんなで共同して担えられれば、というのがぼくの理想だ。

具体的には、個人で買える本はできるだけ個人で買う。値段の安い本、入手しやすい本、小さい本、軽い本は自分で買う。ぼくは、本については我慢せずに買おう、と自分に言い聞かせている。理想としてはタッチ・アンド・バイ。書店で興味をもって手に触れた本はとにかく買う、買って買って買いまくる、ぐらいの気分で。そう言い聞かせつつも、結局はそんなに買わないものだ。

でも、個人ではなかなか買えない本もある。まずは高価な本。高価か廉価かは相対的なものだし、人によって違う。ぼくの場合は読んで書くことが仕事だから、少々高くても買うわけだけれども、それでも一万円を超えるときはかなり悩む。資料として重要で、なおかつ、この先何度も読み返すことになるだろうと思える本でなければ、なかなか買えない。大型本も個人で所有するのは躊躇する。買っても置く場所がない。巻数の多い全集もそうだ。

絶版本や品切重版未定の本も見つけたら買っておく。意外とこれが多い。

新刊書店で購入できるのは新刊として流通している本だけだ。しかし新刊書が流通している時間は短い。原因のひとつは書店と出版社の取引条件にある。多くの出版社は、新刊書について委託配本というかたちで書店に卸している。これは一定期間内なら返品できるというもの。逆にいうと、期間を過ぎてしまうと返品できない。返品できなければ書店は売れ残りのリスクを抱えるので、できるだけ期間内に返品しようとする。だから委託配本された本が書店に並んでいるのは、長くてもせいぜい数カ月間でしかない。しかも新刊発行点数が増えて、書店の許容量を超えている。多くの書店では、数カ月どころか数週間で返品してしまう。最近の返品率は約四割だ。返品された本はカバーなどを掛け替え、汚れを落として、書店から注文があるのを待つ。しかし在庫を持ち続けるのには経費がかかる。返品された本はすぐ断裁する出版社もある。こうして書店の店頭にもなければ、出版社に在庫もない、しかし重版するかどうかわからない品切重版未定という状態になる。絶版は出版社がもうその本をつくらないと決め、出版権を著作権者に返した状態の本。絶版本も品切重版未定の本も、新刊書店では買えない。古書店で探すか図書館を利用するしかない。

近所の図書館で大型の美術書を眺めるのが好きだ。たいていは「禁帯出」、つまり館外貸し出しはできないというシールが貼ってある。日本の絵巻物などを見る。

美術館で絵巻物が展示されていても、たいていはその一部だけだ。しかもガラス越しでよく見えない。絵巻物を収録した美術書なら、じっくりたっぷり見ることができる。しかも、重要な部分を拡大したり、もちろん解説もついている。図書館によっては、大型の本を読むための書見台を用意しているところもある。美術館の展覧会で行列をつくって後ろの人に押されるようにして見るよりも、図書館でゆっくり見るほうが面白い。絵巻物を見るなら、まずは本を読んで予習して、美術館で現物を見て、本物の色や筆づかいを味わう、というのがいいと思う。

大型の美術書鑑賞という点では、美術館や博物館の図書室もおすすめだ。一般の公共図書館と違ってあまり混雑していないし、もちろん画集や写真集が充実している。一般の出版社から刊行されているものだけでなく、美術館・博物館の展覧会カタログ、収蔵品目録なども ある。

大型の辞書・事典や全集、画集・写真集などを、個人で所有するのは大変だけど、公共図書館を自分の書斎だと考えて、気軽にどんどん利用すればいい。

よく行くのは近所の図書館だが、少し離れたところにある図書館まで散歩することもある。また、取材や打ち合わせでふだん行かない街に出かけたとき、その街の図書館を覗くことがある。最近話題の「ツタヤ図書館」でなくても、公共図書館にはそれぞれその土地に合わせた特徴がある。とくに郷土資料はほかでは見られないものが多く、興味をそそられる。旅の途中に図書館で一服、なんていいかもしれない。

歯磨き読書のすすめ

毎日、三食、自宅でご飯を食べる。食事のあとは、すぐ歯を磨く。三十分かけて、じっくりと歯を磨く。歯を磨きながら、朝ご飯のあとなら新聞を、昼ご飯と晩ご飯のあとは本を読む。

三十分あると、けっこう本を読める。本によって文章の硬軟や、一ページあたりの文字数も違うが、小説ならだいたい一分で一ページぐらいだろうか。すこし難しい本になると、二分で一ページくらい。小説は三十分で三十ページから四十ページくらい、評論や学術的な本だと、十五ページから二十ページくらい読める。毎日、昼食と夕食のあとで読めば、小説なら一日に六十ページから八十ページぐらい読めるわけで、短めのものだと三日で一冊を読み終えることができる。

何がきっかけで歯磨き読書をするようになったのか、よく覚えていない。あるとき、ていねいに歯を磨こうと思い立った。治療を中断した歯があり、中断したままほうっておいたら、抜歯するしかなくなってしまった。いまもそこだけ歯が抜けている。これ以上歯が抜けるのは避けたいと思って、歯磨きを意識するようになった。三十代はじめのころだ。

歯磨きについて書かれている書籍や雑誌記事などを図書館でまとめて読んだ。どの著者も書いていることは同じだ。とにかく一本一本の歯をていねいに磨くこと。歯ブラシを的確に当てれば、汚れは落ちること。歯ブラシの毛が及ばない歯と歯の間は、歯間ブラシやデンタルフロスを使うこと。

歯ブラシの的確な使い方を身につけるために、歯科医が指導用に使う歯ブラシを購入した。たしか断面が四角形だったか六角形だったかの柄がついていて、側面に番号が振られている。歯ブラシは鉛筆と同じように持つ。下の歯の外側左と内側右を磨くときは親指が一の側面にくるように、外側右と内側左を磨くときは親指が二の側面にくるように持つと、ちょうど歯と歯茎の境目に歯ブラシの先が当たる。毛先に力を入れず、細かく振動させると、汚れがとれる。これを一本一本の歯について意識しながら実行していくと、けっこう時間がかかる。子どものころ、「食後三分以内に三分間の歯磨きを」と習った記憶があるが、とても三分間では終わらない。

指導用の歯ブラシは二本か三本使ったところで、いちおう正しい歯磨きをマスターしたとして、その後はふつうの歯ブラシを使っている。毛が柔らかくてヘッドの部分ができるだけ小さいものを選んでいる。

歯磨きペーストはつけない。研磨材を含んだペーストで長時間歯を磨くと、歯の表面がボロボロになってしまうからだ。歯科医によると、歯ブラシだけなら歯の表面が傷つくことはないそうだ。ただし、水と歯ブラシだけだと、茶渋は落ちない。ぼくはコーヒー、紅茶、日本茶が大好きで、毎日何回も飲むので、どうしても茶渋がついてしまう。何日かに一回は歯磨きの最後にペーストをつけて仕上げの歯磨きをする。

一時は電動歯ブラシを使ったこともあった。手で磨くよりも早く磨けるので便利だが、力の加減が難しい。つい力が入って、歯茎に傷がつくこともあった。それと、あっという間に終わってしまうので、本を読むことができない。

歯磨き読書は椅子に腰かけ、テーブルに向かってすることが多い。テーブルの上に本を開いて載せ、左手でページを押さえながら読む。書見台を使うこともある。使いやすくて、デザインのいい書見台を探しているのだが、なかなか見つからない。

造本によって歯磨き読書に向き不向きがある。向いているのはハードカバーで丸背のものだ。ページを開きやすい（本はものによって「開きがよい／悪い」ということがある）。左手でちょっと押さえておくだけでページを開いておくことができるし、手を離しても開いたままになっている。書見台との相性もいい。

本を開いたままにしておくために、ブックウェイトを使うこともある。ブックウェイトは革製の薄く細長い文鎮《ぶんちん》。両端が少し膨らんでいて、なかに錘《おもり》が入っている。下面は滑りにくいスエードが張ってある。これを開いたページにまたがるようにして置く。普通の文鎮だと左右それぞれに置かなければならず、ページをめくるたびに両方を動かさなければならない。ブックウェイトならひとつですむ。また、薄いのでしおりがわりにもなる。京都の河原町通にあった壺中堂《こちゅうどう》という文具店で購入した。たぶんアメリカ製のものだと思う。その後、壺中堂が閉店してしまい、手に入らなくなった。伊東屋や東急ハンズなども覗くが、見つからない。ネットで検索すると、アメリカではいくつもの種類が出ているようだ。便利だから、誰か輸入販売すればいいのに。

同じハードカバーでも角背のものは開きが悪い。手を離すと閉じてしまうし、ブックウェイトを載せても閉じてしまう。書見台との相性もよくない。だから歯磨きしながら角背の本を読むときは、常に左手を添えておかなければならない。
意外なのは並装、ペーパーバックだ。これも角背ほどではないが開きが悪い。ただ、文庫や新書は軽いので、テーブルに置かず、左手に持ったまま読むこともある。「座・気まま」というクッションのような座イスのようなものがある。二等辺三角形を四枚はぎ合わせた四面体で、子どものころ、給食に出た牛乳のテトラパックの形をしている。表面は布。なかに発泡スチロールのビーズが詰まっている。腰をおろすと、身体に沿ってビーズが移動し、腰や背中をぴったり支えてくれる。文庫や新書、軽い並製の本を読みながら歯を磨くときは、この「座・気まま」に座る。

歯磨き読書について、ぼくは「逃れられない読書時間」と呼んでいる。歯磨きをやめるわけにいかないので、歯磨きを続ける間は本から逃れられない。いやでも何でも、とにかく三十分は読み続けなければならない。自分で自分に果たした強制的読書だ。歯磨き読書には評論などちょっと面倒な本が向いている。歯ブラシを忙しく動かしながら目で文字を追い、文章の意味について頭のなかで考え、また本に目を戻すという動作の繰り返しだ。気になる文章には付箋を貼っておいて、あとで線を引く。

逆に向いていないのはエンターテインメントだ。とくにミステリーは話の先が気になって、つい歯磨きが長くなりがちだ。歯科医の話では、歯は磨きすぎるのもいけないそうで、あまり長く磨いていると歯茎を傷つけてしまう。ほどほどが望ましい。

歯磨き読書を始めてから、虫歯になった歯はない。定期チェック以外で歯科医の世話になるのは、かつて治療して詰めたものが外れたときぐらいだ。歯槽膿漏《しそうのうろう》の気配もいまのところはない。

毎食後の歯磨きが習慣になると、たまに外出先でご飯を食べたときなど、すぐ歯を磨けないのが気持ち悪くて困る。何だかすぐにでも虫歯になりそうな気分だ。かといって、レストランで本を読みながら三十分も歯を磨くことはできない。散歩の途中でご飯を食べて、歯を磨くためだけに家に戻り、歯を磨いてから散歩を続行することもある。それができないときは、携帯用の糸ようじで歯の間だけきれいにする。オフィスビルなどでは、トイレの洗面台で歯を磨くサラリーマンを見かけることがある。昼ご飯のあとの歯磨き問題に悩む人はけっこういるのだろう。ホテルや商業施設のなかには、喫煙者のためのスモーキングルームを設置しているところもある。トースブラッシング&リーディングルームなんてできないだろうか。

メモ帳と探書リスト

茶の湯の稽古に通って十年あまりになる。茶の湯では五月から十月までが風炉《ふろ》、十一月から四月までが炉を使う。十月で風炉の季節が終わり、十一月のはじめに開炉の茶会がおこなわれる。その次の週からは炉の点前《てまえ》の稽古となる。半年ぶりに炉に向かって茶を点《た》てようとして戸惑う。風炉と炉では点前の細かいところが少し違うからだ。半年前まで毎週やっていたことなのに、あちこち記憶から抜け落ちている。わずか半年で忘れてしまうことに、愕然とする。

中年になると忘れっぽくなる。物覚えも悪くなる。コンピューターやインターネットに関わるさまざまなＩＤやパスワードをよく忘れるようになった。しょっちゅう「パスワードを忘れたら」をクリックして再設定している。再設定したパスワードもすぐ忘れてしまう。

パソコンはMacを使っている。以前はWindowsやLinuxも並行して使っていた。Windowsのパソコンで原稿を書いて、Macで編集者に送信する、といった具合に。そのころ原稿作成にはWindowsのソフトのほうが向いていて、しかしネットのセキュリティに関してはMacのほうが安心できた。しかしここ数年はMacのエディタソフトも使い勝手がよくなり（JeditとATOKの組み合わせがベストだ）、Macだけで何もかもがすむようになった。ところが、「たまにWindowsやLinuxも使ってみるか」とパソコンを立ち上げようとすると、何と、手順を思い出せないではないか。

もともと記憶力には自信がなかった。学校の勉強でも、いわゆる暗記科目と呼ばれるものは苦手だった。年号も条約の名前も、地名と特産物も、元素の名前も覚えるのが苦手だった。しかし、ここまで忘れっぽくはなかったはずだ。こんなに物覚えが悪くはなかったと思う。やはり脳の老化はひたひたとやってきているのだ。

忘れることに抵抗しても無理だ。お手上げ。脳トレをやったり、もの忘れに効くというサプリメントを飲んでも、それほど効果は期待できない。ならば、忘れてもいいように対策を立てておくしかない。

週にいちど、ラジオに電話出演している。スタジオにいるアナウンサーとおしゃべりしながら本を紹介する二十分ほどの生放送だ。生だからやり直しができない。固有名詞などを忘れるといけないので、事前に話す内容のメモをつくって番組プロデューサーに送っておく。すると当日朝までにプロデューサーが台本をつくってくれる。台本通りにおしゃべりするわけではないけれど、作家の名前や登場人物の名前などをど忘れする心配はない。

若いころは講義や講演をするときも、簡単なメモだけで九十分でも百二十分でも話ができた。メモがなくても話せる自信があった。だが、五十歳を過ぎてから、咄嗟に言葉が出てこなかったらどうしようと心配になって、台本のようなものを用意するようになった。ときどきちらっと見られるように、いわばカンニングペーパーだ。

もの忘れ対策として、いつもメモ帳を持ち歩くようになった。モレスキンのノートやシステム手帳、大学ノートなど、いろいろ試してみたけれども、いまのところベストはロディアのブロックメモである。いくつかサイズがあって、いちばん合うのは、縦一〇五ミリ、横七四ミリの一一番。これを革のケースに入れて、常に持ち歩いている。

たかがメモ帳に革のケースだなんて大げさな、と思われるかもしれない。しかし、これがなかなかすぐれている。ロディアのブロックメモはとじ目の近くにミシン目がついている。メモを書いたら、すぐ切り離すのが正しい使い方だ。だから最初のページは常に白紙で、すぐに書き込める状態になっている。切り離したメモの保管場所が必要になる。ケースなしで使っていたときは、服のポケットやカバンに入れていた。ぼくが使っているケースには、切り離したメモをはさんでおくポケットとペンを挿す筒がついている。ブロックメモの表紙を後ろに三六〇度回してケースに差し込み、筒にペンを挿す。

この革ケースに入れたブロックメモは重宝している。たとえば電車のなかで思いついたことをメモする。掌に収まるほどの大きさなので、ホームで電車を待ちながら立ったままでもメモができる。もちろん歩いている途中なら、立ち止まって書ける。取材でも座ってノートを広げられないようなときは、このブロックメモを使う。どんどん書いて、どんどんちぎって、ケースのポケットに入れる。

ふだん外を歩いていて、本のタイトルや著者名などを覚えておきたいと思うことがよくある。電車の車内吊り広告だとか、駅のポスターだとか。自分の記憶力には期待できないので、見つけたらすぐブロックメモに書く。

散歩の途中で図書館に入ったときにメモすることもある。ただ、新刊書店や古書店では注意が必要だ。書名や著者名、出版社名をメモするのは、ほかの客の迷惑にならない限り、ぎりぎり許容範囲かなと思う。でも本の中身をメモするのはマナー違反だ。中身は商品である。食品店で金も払わずつまみ食いするのに等しい、というのがかつて書店員だったぼくの感覚だ。そういえば、書店に勤務していたとき、「この本のこのページをコピーしてくれないか」と客にいわれたことがある。その本の定価を見て、「はい。四千五百円ちょうだいいたします」といったら目を剥かれた。「コピーするだけなのに、どうして?」というので、「お買い上げいただければ、コピーいたします」と答えた。書店の店頭で書籍や雑誌の中身をケータイやスマホのカメラで撮ることを「デジタル万引」という。刑法の窃盗に問えるかどうかは微妙なところだが、書物の内容を盗むという点では犯罪的だ。

脱線するが、書店での客のマナーが悪くなったと感じる。たとえばリュックサック(デイパック)を背負ったままの客。電車のなかなどでもいる。ほかの客が通路を歩く邪魔になっているのに気づかない。肩にかけたトートバッグが背中側に大きくせり出しているのも迷惑だ。平積みされた書籍や雑誌の上に荷物を置くのは論外。ほかの客がその本を手に取れなくなるし、ほかの誰かが買うであろう商品の上に物を置いてしまう無神経さが信じられない。平積みされた本を立ち読みして、その立ち読みした本ではなく、積まれた下のほうにある本をわざわざ取ってレジに持っていくのも、みみっちいというか、下品というか。ファッション誌をその雑誌が陳列されているところから離れた学習参考書売場に持っていって立ち読みしている客を見たことがある。

椅子とテーブルを置く書店やブックカフェが増えて、出版界は立ち読みに寛容になったけれども、やっぱり節度というかマナーは必要だ。ほかの客も、店のスタッフや経営者も、気持ちよくいられるために。だから立ち読みもせいぜい三分程度にしたい。特集を丸ごと読むとか、連載を毎週読むなんていうのは、セコいと思う。書店は図書館ではない。ぼくは寛容な老人になりたいと思っているのに、毎日、書店を見ていると、短気で怒りっぽい頑固ジジイになってしまいそうでいやになる。歳をとると店員に対して横柄になる人が多いような気がする。言葉づかいが乱暴だったり、威張っていたり、何かしてもらったときお礼の言葉がなかったり。そんなジジイにはなりたくない。

話をもとに戻そう。書いてちぎってケースのポケットに入れたメモは、家に帰って箱に入れておく。メモのなかで、欲しい本・読みたい本・気になる本に関するメモは、スマホのメモアプリに書き写しておく。スマホがなかったころは「探書リスト」を手帳に書き込んでいた。書店のなかでスマホのカメラは使わないけれど、家で新聞や雑誌の出版広告をメモしておくのには便利だ。

新刊書店や古書店で「探書リスト」を取り出して、本棚を眺める。本を見つけて、手に取ってみて、目次・まえがき・あとがきをさらりと斜め読みする。「なーんだ」とがっかりした本は棚に戻し、「これは読まねば・これは読みたい」と思った本はレジに持っていく。がっかりした本と購入した本は、リストから削除しておく（たまに削除を忘れて、同じ本を二度買ってしまうことがある）。

ロディアのブロックメモとは別に、ベッドサイドのテーブルにもメモ帳を置いている。いま使っているのは月光荘のB6サイズのクロッキー帳だ。いつも寝る前、ベッドのなかで一時間ほど本を読むのだが、そのとき気になったことや思いついたことをこのメモ帳に書いておく。

本のなかに見つけたいい言葉、グッとくる言葉を抜き書きしたいと思っているのだけど、なかなか実行できない。自分だけの箴言集《しんげんしゅう》みたいなものを編んでみたい。ぼくのメモ帳活用はまだまだ途上だ。

本と酒と音楽と

たとえばヘミングウェイを読みながらフローズン・ダイキリを飲むとか、レイモンド・チャンドラーを読みながらギムレットを飲む、なんていうのに憬《あこが》れる。

いちどやってみたことがある。大阪リーガロイヤルホテルのリーチバーでの昼下がりだ。カウンターでギムレットを注文して、ダレスバッグからチャンドラーの『ロング・グッドバイ』を取り出して読んだ。初夏のころで、バーテンダーに「ギムレットがおいしい季節になりましたね」なんていわれながら。ついでにそのときの服装はというと、麻のスーツにボウタイだった。銀座トラヤ帽子店のパナマ帽は、スツールに座ってすぐ脱いだ。大好物のギムレットは最高に美味しく（ぼくはリーチバーのがいちばんだと思っている）、ほとんど客のいない店内は適度に涼しく快適だったのだが、十五分もすると落ち着かなくなってきた。「やりすぎだろう」というもうひとりの自分の声が、頭の奥から聞こえてくる。アルコールのせいではなく頬が赤らんできて、チャンドラーをかばんに戻した。もう一杯ギムレットを飲もうかと少し迷って、モスコーミュールをチェイサーがわりに飲んだ。バーを出るとき、「今日は自意識に負けた」と思った。

酒好きの作家は多く、酒にまつわるエッセイや小説もたくさんある。それらの本を読んでいると、酒が飲みたくなってくる。しかし実際問題として、本を読みながら酒を飲むのは意外と難しい。

本を読むという動作と、酒を飲むという動作を同時にしなければならない。ページを開いた本を片手に持ち、もう一方の手で持ったグラスを口に近づける。グラスに酒がたっぷり入っていると、こぼさないよう注意が必要だ。本から気が散ってしまう。ページをめくるたびに、グラスをテーブルに置かなければならない。

また、酒ばかり飲んでいるわけにもいかない。つまみも口にしたい。グラスだけでなく本もテーブルに置く。横着して本を開いたまま伏せると、テーブルに落ちていたグラスの水滴で本が濡れてしまう。つまみが箸やフォークで食べるものならいいが、鶏肉の唐揚げなんかだと指が脂でベトベトになってしまい、本に触れるのがためらわれる。

また、目で活字を追うという動作は、酔いを早める効果があるような気がする。飲みすぎると、何が何だかわからなくなってくる。飲みやすくて強い酒——カクテルなど——は、読書に向いているとは思えない。

そう考えると、本を読みながら飲む酒は、何でもいいというわけにはいかない。いろいろな側面から考えて、いちばん適しているのはビールではないかと思う。アルコール度数が低く、しかも発泡しているから、酩酊してしまう前にお腹がいっぱいになる。利尿効果も抜群で、トイレに何度も行きたくなるから、ときどき立ち上がって歩いたり座ったりすることになる。

ビールに合うのは村上春樹の小説だ。それも『ノルウェイの森』以前の、初期の村上春樹であれば申し分ない。よしもとばななの短編集もいい。古いところでは吉田健一のエッセイ。くねくねとして、どこまで続き、どうなるのかわからない文体は、ビールを飲みながらつきあうのがちょうどいい。吉田健一は中央大学の教授だったころ、講義の合間に神田神保町のランチョンでずっとビールを飲み続けていたというけどほんとうだろうか？金井美恵子の小説も、ビールを飲みながら読むのに最適だと思う。

しかし、現実的には、読書にもっとも向いている飲み物はコーヒーである。コーヒーの香りは書物と相性がいいし、カフェインの刺激によって読んだ文章がよく頭のなかに入ってくる、ような気がする。日本の書店界では一九九〇年代から店内にカフェを併設する店が増えた。アメリカのバーンズ&ノーブルやボーダーズなど書店チェーンの影響だろう。ボーダーズは二〇一一年に経営破綻したけれども。ここ最近は小規模なブックカフェが次々と登場している。これもコーヒーと本の相性のよさがあればこその現象だ。昔から神田神保町の古本屋街で掘り出し物を見つけて、自宅に持ち帰るのも待ちきれず、神田伯刺《ぶら》西爾《じる》やラドリオやミロンガやフォリオや古瀬戸で包みを開けて本を読み始める人はたくさんいた。カフェ併設の書店が増えるのは遅かったぐらいだ。東京堂書店にもカフェができた。

本を読むためにぼくがよく利用するのはスターバックスだ。たばこの匂いが苦手なので従来型の喫茶店や日系のカフェチェーンはどうしても敬遠してしまう。古くからの喫茶店は、空間としては好きなのに。取材や打ち合わせの合間に中途半端な時間ができたときはスターバックスに入る。注文するのはたいていソイラテだ。三十分集中すると、かなり本が読める。椅子の座り心地もいい。ドトールやベローチェに比べて単価が高いからか、スターバックスは立地や眺望もいい。京都では夏に川床《かわどこ》が出る三条大橋のたもとや、大きな窓から六角堂の庭が見える烏丸六角など、いい場所にスターバックスがある。

読書と音楽の相性について、前から気になっていた。いろいろ試してみてわかったのは、読む本のジャンルや内容によってではなく、その環境に合う音楽があるということだ。静かな場所では静かな音楽が、うるさい場所ではうるさい音楽が合う。

自宅で本を読むとき、いちばんリラックスできるのはバッハだ。それも《平均律クラヴィーア曲集》や《ゴルドベルク変奏曲》のようなピアノ曲、《無伴奏チェロ組曲》《無伴奏ヴァイオリン・ソナタとパルティータ》などがいい。バッハのピアノは、グレン・グールドの演奏が好きだが、読書のBGMにはあまり向いていない。アンジェラ・ヒューイットやアンドラーシュ・シフを掛けている。バッハでも《管弦楽組曲》や《マタイ受難曲》は読書に向いていない。グールドのピアノも、つい聴いてしまうので、読書に集中できなくなる。バッハ以外ではデレーウのサティがわりといい。あとモーツァルトの《弦楽四重奏曲》とか(アルバン・ベルク四重奏団のものを愛聴している)。交響曲は作曲家演奏家に関係なく、読書に向いていない。聴くんだったら本を閉じて、その気になって聴いたほうがいい。写真集や画集を眺めるには向いているかもしれないけど。

うるさい場所ではうるさい音楽を聴きながらのほうが、読書に集中できる。都内を電車で移動するとき、ぼくがたいてい聴いているのはレディオヘッドやコールドプレイなどのロックだ。アンダーワールドなどエレクトロニクス系の曲もよく聴く。iPodかiPhoneで、インナーイヤー型のヘッドフォンを使って。うるさい場所で静かな音楽を流しても、外の騒音にかき消されてしまって、かえって読書に集中できなくなる。ノイズキャンセリングフォンもインナーイヤー型、オーバーヘッドの密閉型の両方を使っているが、やっぱりバッハよりもレディオヘッドのほうがいい。外部から聞こえてくる騒音だけでなく、電車の振動や周囲に人がたくさんいるからかもしれない。

家で本を読むとき、ボーカルの曲はつい歌を聴いてしまい、気が散ってしまう。ところが電車のなかではボーカル曲でもけっこう平気だ。不思議なことだと思う。

ひとりで新幹線に乗って移動するときは、オーバーヘッド密閉型のノイズキャンセリングフォンを持っていく。中高年のグループと席が近くなったときの自衛策だ。

グループ旅行で興奮し、しかも耳が遠くなり始めているのか、あるいは集団だと傍若無人になりがちなのか、おしゃべりや歓声でうるさい集団に出くわすことがある。以前、行楽シーズンに中央線の特急で出張したとき、ハイキング帰りの初老女性グループと同じ車両になった。座席を回転させて向かい合わせにしておしゃべりする声はだんだんエスカレートしていく。「キャハハハ」という甲高い笑い声が、ヘッドフォンをしていても聞こえてくる。そのうちほかの乗客から「静かにしてください！」と一喝する声があり、それからは静かになった。赤ん坊や小さな子どもが騒いだり泣いたりしても気にならないのに、中高年の大声が耳障りでならないのは、ぼくが近い世代だからだろうか。

エンターテインメント系の軽い本はラジオを聴きながら読むことが多い。ラジオだと知らないアーティストの知らない曲が次々とかかる。以前はおしゃべりの少ないInterFMばかり聴いていたけれども、最近はネットラジオで海外の音楽専門局を流している。しかし難しい本は聴き慣れたバッハがいい。聴き慣れたＣＤは音の展開がわかっているので聞き流すことができるし、知っている音の反復は安心感を与えてくれる。

夜、ベッドに入ってから本を読むときはＢＧＭなしだ。換気システムのモーター音が静かに聞こえるだけ。このホワイトノイズのような音が落ちつく。

悲しい本は読まなくてもいい

中年になると涙腺がゆるむというのはほんとうだ。本を読んでいると、ときどき鼻の奥がツーンとしてきて、涙がこぼれそうになることがある。登場人物が理不尽な目に遭ったり、逆境にもめげずけなげに生きていこうとしていたり、悲しい結末だったりすると、泣いてしまいそうになる。それが電車や喫茶店のなかだったりすると困る。昼間から本を読んで泣いている初老のオッサンなんて、気味が悪いだろう。

子どものころから人前で泣かなかった。物心ついてから、本を読んで泣いたことなど数えるほどしかない。それも酒を飲みながら読んだからで、しらふだったら泣かなかっただろう。映画を観て泣いたことも、音楽を聴いて泣いたこともない。それが五十歳を過ぎたころから、不覚にも涙がこぼれそうになることや、実際にこぼれてしまうことがある。

もしかしたら老人性鬱病とか、何か心身の病気なのかもしれない、とも思う。病気とまでいかなくても変調というか。

若いころは、中年になったら鈍感になるのだろうと思っていた。オッサンといえば、図太くずうずうしいものだと決めつけていた。二十歳のころ電車や街中で見かける中年男たちは、みんなふてぶてしいほど堂々としていた。「神経」とか「感情」などというものと無縁のように見えた。まさか彼らが涙もろいとは思えなかった。同時にそれは、敏感さが若者の特権だと思っていた、ということでもある。

ところが自分が中年になってみると、そうではないとわかった。むしろ歳を重ねるごとに、敏感で繊細になる。ただ、さまざまな経験の蓄積と知恵があるから、敏感さや繊細さをうまくカバーして、周囲に感づかれないようふるまう訓練ができている。新橋の居酒屋から出てきた中年男たちが、頬をすり合わせんばかりにして群れて歩いているのは、敏感で繊細で傷つきやすい者どうしが、悩みや苦労を分かち合っているのである。酒にまぎらわせて憂さを晴らしているだけじゃない。

ある日、ふと思った。涙をこらえてまでして、わざわざ悲しい本を読むことはないんじゃないか。泣くのを見られるのがイヤだとか、泣くのが恥ずかしいというだけではない。ダメージが大きいのだ。涙が出るほど悲しい結末の小説を読んだあとは、二、三日、気持ちが晴れない。胃の奥にどよーんと鉛のかたまりがあるような気分になる。忘れていても、何かの瞬間に思い出す。ヒロインは最後に死んじゃったんだよな、かわいそうだよな、未来もあったのに、いい子だったのに……と、くどくど考える。小説であり、フィクションであり、虚構であり、つくりごとなのに、いつまでも考えてしまい、気持ちがスカッとしない。小説でそうなのだから、ノンフィクションだったりすると、いっそうイヤな気持ちになる。

だったら、読まなきゃいいじゃないか。悲しい気持ちになって、それがいつまでも続くくらいなら、最初から読まなければいいじゃないか。発想の転換である。

読まなくてもいいんだ、と思った瞬間、気持ちが楽になった。それまで、読まないという選択はないと思い込んでいた。涙が出るようないい本は、我慢してでも読むべきだと思っていた。

もっとも、泣ける本が名作・傑作だとは限らない。涙の量と作品の質は比例しない。

数年前、出版界に号泣ブームというものがあった。テレビの情報番組でタレントが「この本を読んで泣きました」と本を紹介して、その本がベストセラーになったのがきっかけじゃないかと思う。書店の店頭には、書店員による「泣きました」「号泣しました」という手書きのＰＯＰがやたらと増えた。泣ける本は売れるのだ。泣くために本を買う人がたくさんいる。

同じころにデトックスブームもあった。涙とともに体内の毒素が流れ出るのだ、泣くことは健康にいいのだ、と力説する人もいた。何だか民間療法の瀉血《しゃけつ》みたいな話である。

ぼくはすでに涙腺の弛緩を自覚しつつあったので、号泣本には近寄らないようにしていた。それに「泣けるぞ、泣けるぞ」といわれて買って、素直に泣くのも癪《しゃく》だし、かといって泣けなかったら損したような気分になるだろうし、と複雑な気持ちだったのだ。

シナリオライターで作家だった故・野沢尚《ひさし》さんが、「泣きのボタンを押すのは簡単だから、あえて使いたくない」といっていたのを思い出す。泣きのボタンというのは、テレビ業界で使われる言葉だそうで、いくつかの条件を組み合わせて視聴者を泣かせることなのだという。つまり視聴者・読者の感情を操作するのは、技術さえ身につければ難しいことではない。散歩の途中で、野沢さんの仕事場で、最期の場所となったマンションの前を通りがかることがある。そのたびに「泣きのボタン」の話を思い出す。

もっとも、昔から「お涙ちょうだい」という言葉がある。安易に涙を誘うだけの物語をばかにする先人たちの鑑識眼はあったのだ。「お涙ちょうだい」と「泣ける本」はどこが違うのか。

「泣ける本」ブームのあと、「イヤミス」ブームが来た。読後感の悪い、読んだあとでイヤな気分になるミステリーのブームである。「イヤミス」もぼくはほとんど読まない。

「イヤ」の種類にもいろいろある。世の中にほんとうの善人なんていないという、シニシズムに満ちたイヤな感じもあれば、ここまでひどい人間がいるのかと呆れるようなイヤな感じもある。ドストエフスキーの小説なんて、どれもこれも人間の暗黒面を描いているが、でも「イヤミス」を読んだときのイヤな感じとは違う。ドストエフスキーとイヤミスの違いは、ドストエフスキーは人間の本質を描こうとしたらイヤな感じになってしまったということなのに対し、「イヤミス」は読者をイヤな気分にさせることが目的になっているところだろう。「イヤミス」は手段と目的が逆立ちしているのだ。世の中、イヤなことばかりなのに、何も小説を読んでまでイヤな気持ちを倍増させることはない。

ミステリーやクライムノベルを読んでいると、「この先、きっとこの登場人物は悲惨な目に遭うんだろうな」とわかる瞬間がある。たとえば主人公の恋人が敵に捕らわれるとか。昔だったら、間一髪というところに主人公が登場して、敵の手から恋人を奪い返し、敵を倒す。シュワルツェネッガーが主演する映画みたいな展開だ。でもノワールの流行以降、そんな結末はばかにされる。たいてい恋人は陵辱されて殺される。どうやって読む者に心理的ダメージを与えるかが作家の関心事なのかと思うほどだ。

ぼくがまだタフな中年未満だったときは、そんなノワールも大好物で（エルロイ大好き！　馳星周《はせせいしゅう》バンザイ！）、ひどい結末にショックを受けながらも、そのショックが快感でもあった。ところが繊細なジジイになって、そのショックに耐えられなくなった。しかしミステリーやクライムノベルを読むのは止められない。そこで思いついた。読むのを途中でストップすればいいのだ。「この先、ひどい展開になりそうだ」と予感したところで本を閉じる。寸止め読書術である。先の展開は気になる。ものすごく気になる。ほかのことをしていても、「あのあと、どうなってしまうんだろう？」と思い出すくらいだ。でも我慢する。読んでショックを受けて、何日も引きずるよりもいい。医者から酒を禁じられたので、舌先でちょっとだけ舐《な》める、みたいなものである。

泣くのもイヤ、イヤな気持ちになるのもイヤ、だからといって、安易なハッピーエンドの本を読みたいというわけでもない。そういう「いい話」の本はたくさん出ているけれど、たいていの「いい話」はつまらない。物語の結末が幸福か不幸かと、小説としてのできの良し悪し、そして面白いかどうかは、あまり関係ない。できるなら、ハッピーエンドで、面白くて、文学的にも質の高いものを読みたいけれど、そんな作品はめったに出会えない。とにかく、悲しい気持ちになったりいやな気持ちになりそうな本を避けるしかない。

というわけで……ということでもないのだが、このところ辞書・辞典や年鑑などを読むようになった。『広辞苑』を読む楽しさについては、すでに何冊か本を書いた。しかし『広辞苑』読みが高じて、ほかの辞書や年鑑類もときどき読むようになった。たとえば白川静の字源字典『字統』。漢字がどういうふうにしてできたのかが書いてある。篆文《てんぶん》や金文、甲骨文などの字形も載っている。漢字のルーツを知るだけでなく、デザインとしても面白い。よく筆順とかハネ、トメ、ハライなどについて「正しい／正しくない」と指摘する人がいるが、『字統』を読んでいると、そんなことはどうでもいいと思えてくる。古代から字は変化してきたのだ。判読できて、ほかの字と混同することがなく、きれいに見えればそれでいい。

中村明『日本語 語感の辞典』も読んで面白い辞書のひとつだ。たとえば「とても」を引くと、本来は打ち消しのかたちと呼応して用いられたと書かれている。「とても……ない」というふうに。やがてそれが「とても無理だ」というような否定的な意味合いの肯定表現に使われるようになり、やがて今日の「とてもおいしい」などのように、「たいへん」「非常に」という意味合いになったのだという。「現在ではほとんど違和感なく使われているが、そのような事情に精通している一部の知識層では、形も意味もまったく否定のニュアンスを伴わない例に若干の抵抗感を意識する場合もありうる。ただし、その違和感も、『全然いい』の『全然』に対して抱く抵抗感よりははるかに小さい」というように書いてある。

最近、気に入っているのは、『理科年表』を読むこと。一九二五年創刊で毎年出ている本だ。「暦部」の「国民の祝日、日曜表、二十四節気、雑節」に始まり、天文、気象、物理、化学、地学、生物学など、理科に関するさまざまなデータが載っている分厚い本である。たとえば二〇一六年五月十日の各地の日出日入を見ると、那覇では日出が五時四六分、日入は一九時六分。根室では日出が三時五九分、日入が一八時三〇分だ。気温の月別平年値（一九八一年から二〇一〇年までの平均値）という表もあって、根室の五月は一一・五度。那覇は二六・七度だ。日本は狭いなんていっても、こんなに違いがある。ちなみに南極の昭和基地の平年値も載っていて、こちらの五月はマイナス一〇・七度だ。

年齢とともに読書は変わる。泣ける本から辞書・年鑑へ。ぼくの読書はどんどんシブくなっていく。

あとがき

初めて電車のなかで席をゆずられたときのことを覚えている。夜の京浜東北線で二十代後半と思われる女性が、「どうぞ」とゆずってくれた。当時、ぼくは五十代になったばかりで、一瞬とまどったが、礼をいって素直に座った。こういうときに断るのはスマートじゃない。そうか、自分では気がつかなかったけど、他人からはおじいさんに見えるようになったのだなと思った。それ以来、「おじいさんに見えるかもしれない私」として、自分を意識するようになった。そうするといろんなことが楽になった。

さまざまな義務感から解放されたとき、ぼくにはどんな読書が可能になるだろうか、と考えたのが本書を書くきっかけだ。六耀社の編集者、只井信子さんとあれこれ話しているうちに、書きたいことがいろいろ浮かんできた。

二十年くらい前、コラムニストのえのきどいちろうさんにいわれた言葉、「本ぐらい好きに読ませてよ。ままならないことばかりなんだから」をときどき思い出す。自由に読書をしたい。勉強や仕事と関係なく、ただ楽しむ読書をしたい。電車で席をゆずられる年齢になって、ようやくそれが可能になった。気分はご隠居さんだ。

世の中がだんだん悪くなっていると感じることは多いけれど、こと読書をめぐる環境に関してはどんどんよくなっている。書店は規模もスタイルも多様化しているし、ネット書店の登場によってマイナーな本や希少な本も入手しやすくなった。電子書籍は老眼にやさしい、という話はこの本にも書いた。工夫すればあまりお金をつかわずにいろんな本を読めるようにもなった。足りないのは時間だけだが、これも工夫と覚悟があればなんとかやりくりできる。

永江 朗（ながえ　あきら）

1958年、北海道旭川市に生まれる。西武百貨店系洋書店アールヴィヴァン勤務後、雑誌『宝島』『別冊宝島』などの編集・ライターを経て、1993年頃よりフリーの著述家となる。取り上げる題材は、「哲学からアダルトビデオ」まで広範囲にわたる。処女出版『菊地君の本屋』以降、書店を紹介する本も数多く手掛ける。さらに財団法人出版文化産業振興財団で読書アドヴァイザーを養成する講座の監修および専任講師を務める等、出版文化産業振興にも関わる。

読書術やインタビュー術に関する著作が多く、また、書評などの評論活動にも力を尽くす。主な著書は、『茶室がほしい。』『ブックショップはワンダーランド』（六耀社）、『本の現場』（ポット出版）、『筑摩書房　それからの四十年』（筑摩書房）、『広辞苑の中の掘り出し日本語』（新潮文庫）等。

51歳からの読書術

ほんとうの読書は中年を過ぎてから

二〇一六年二月二十五日　初版　第一刷

著者　永江《ながえ》　朗《あきら》

発行人　圖師尚幸

発行所　株式会社六耀社
〒一三六-〇〇八二
東京都江東区新木場二-二-一
TEL　03-5569-5491(代)
FAX　03-5569-5824
www.rikuyosha.co.jp/

印刷・製本　シナノ書籍印刷株式会社

ISBN978-4-89737-825-1
Printed in Japan
NDC924 208p 18.8cm